¡Ricky re

Carlos Rubén Rosario

DEDICATORIA

Al pueblo, que no perdió la capacidad de indignarse y
se tiró a la calle en un reclamo de justicia y dignidad…
y en la distancia me conmovió hasta las lágrimas.

A quienes quedaron retratados o se sintieron aludidos
en el llamado chat de la infamia y
a los que fueron ofendidos ante el atropello del gobierno.

A los puertorriqueños y puertorriqueñas
y a quienes se sienten así en cualquier parte del mundo,
que sintieron y lloraron desde lejos ante la impotencia
de no poder hacer más y no estar allí entre los suyos.

Al Centro de Periodismo Investigativo
y a la Prensa de Puerto Rico.

En lo personal, a mi esposa Maricarmen Reguero
por las horas que le robé a mi hogar;
a mis hijos: crean en ustedes y
luchen por conseguir su propósito en la vida,
y a mi amiga y hermana Nitza Martin (Milita),
quien entre llamadas y mensajes
me mantuvo al tanto de los sucesos y a quien dije:
"Si nadie recopila esto en una crónica, yo lo voy a hacer".

AGRADECIMIENTO

A Noris Martin, por su ayuda incondicional
en el cuidado de estas líneas,
al buscar la palabra exacta, la expresión ideal.

Al mejor artista que se pueda tener, Jorge Vargas,
por su excelente diseño de portada;
y a mis compañeros reporteros gráficos Willín Rodríguez,
Mauricio Pascual y Wilfredo García,
por su incondicional disposición,
más allá del tiempo y la distancia.

A Fabián Rodríguez Torres, por esa foto icónica
que puso a mi disposición y que ha hecho
patrimonio del pueblo de Puerto Rico.

A los que siempre han creído en mí
y querían que publicara.
Ustedes saben quiénes son.
Esto no es lo que esperaban…
Es que surgen prioridades,
pero el que ustedes esperan, ése llegará.

ÍNDICE

"Te decía, las heridas quemaban como soles
a las cinco de la tarde
y el gentío rompía las ventanas a las cinco de la tarde.
¡Ay, qué terrible cinco de la tarde!
¡Eran las cinco en todos los relojes!
¡Eran las cinco en sombra de la tarde!"

Federico García Lorca (1935)

PRÓLOGO

Redactar un prólogo cuando un libro ya tiene una presentación del propio autor requiere mucha cautela, pues no debe uno salirse de los propósitos iniciales de aquél que lo ha escrito reflexivamente; hay que decirle al lector algo que él mismo va a descubrir en la lectura de las páginas que siguen.

Si bien es cierto que una recopilación de los eventos sucedidos durante el verano del '19 podría haberlo hecho cualquier escritor, también me atrevo a afirmar que cada uno lo habría redactado de una forma distinta; y muchos sentiríamos una "sana envidia" porque ninguno lo habríamos escrito como lo hizo Carlos Rubén Rosario. El autor está dotado por sus cualidades naturales y su formación para realizar un trabajo de excelencia, y lo ha hecho en el presente libro.

Incluir en el contexto histórico los sucesos que precedieron a las manifestaciones del verano del '19 da valor extraordinario al texto, pues nadie puede entender el presente sino conoce su pasado, y esto es un aspecto importante para los lectores, especialmente para las futuras generaciones. Repasar la historia contribuye a la "emancipación mental", sin la cual será imposible desarrollar la confianza necesaria en el poder que tenemos los puertorriqueños cuando nos unimos en un mismo propósito.

Seguramente este libro despertará emociones en el lector y lo llevará a reflexionar en todo lo que motivó la indignación de un pueblo que apostó por la protesta pacífica para exigir la renuncia de su gobernador. Queda para récord el surgimiento de una nueva generación que trasciende edades y que bautizaron "Yo no me dejo", la cual hizo historia al sacar a un gobernador, sin muertes y sin más armas que su grito y su creatividad artística. Ya hicimos historia con el verano del '19 y ahora nos toca transformar esa indignación en una acción concreta y ejercer nuestro derecho al voto para, en el ejercicio de nuestra democracia, sacar a los políticos y a los partidos que le fallaron a la confianza que el pueblo depositó en ellos y nos han llevado al caos económico y social que vivimos.

Ésta es una de las virtudes de este trabajo: mostrarnos que el único protagonista de la transformación que se gesta en nuestro país es el pueblo mismo, es su gente unida más allá de partidos políticos, religiones o clase social.

Ciertamente, hilvanar escritos inspirados en sucesos acontecidos requiere del arte y el talento de un artesano capaz de cincelar historias, esculpir narraciones, y repujar relatos con la delicadeza, perspicacia y cuidado de quien nunca deja pasar por alto los detalles.

Crónicas del Verano del '19 es, simplemente, lectura obligada en una sociedad que se ha caracterizado por su "corta memoria histórica" y como resultado repite una y otra vez los mismos errores.

El autor nos demuestra que no se puede poner a la gente común en el centro del escenario sin amarla, sin dejarse estremecer por sus sufrimientos y de regocijarse con sus alegrías y logra transmitirle al lector ese sentimiento. Una crónica que no pasa por alto la importancia de los hechos históricos y el contexto en su narración, y que es capaz de arrancarte una lágrima, erizarte la piel y remontarte a la "Calle de la Resistencia" en aquel mes de julio del 2019.

Ya aprendimos a defendernos, tenemos una crónica de lo sucedido y ahora nos toca aprender a votar. Cierro con un fragmento hostosiano como preámbulo a la lectura de este libro:

> *"¿Hay algún ser racional que pueda vivir sin fe en el destino de sus propias facultades, sin esperanza en el éxito o resultado de sus esfuerzos, sin caridad para los suyos, sin amor a la justicia y a la verdad, sin entusiasmo por el derecho y la libertad, sin disposición a sacrificar algún bien particular por el triunfo de esos bienes generales?"* (Tomado de Obras Completas de Eugenio María de Hostos: Vol. XIV, página 105).

Myriam Rivera Pérez

Carlos Rubén Rosario

RICARDO: EL MENOR DE LOS TRES…

Carlos Rubén Rosario

"Yo, Ricardo Antonio Rosselló Nevares, mayor de edad, casado, vecino de Guaynabo, Puerto Rico, como Gobernador de Puerto Rico, juro solemnemente que defenderé la Constitución de los Estados Unidos y la Constitución y las leyes del Gobierno de Puerto Rico..."

Era el 2 de enero de 2017. El nuevo gobernador iniciaba su mandato. Al prestar juramento ante la jueza Maite D. Oronoz, el joven Ricardo Rosselló Nevares colocaba su mano sobre una Biblia sostenida por su esposa Beatriz Isabel Areizaga García. Tan pronto pronunció las primeras líneas del juramento, el incumbente marcó su estilo un tanto rebelde al obviar mencionar y no reconocer el nombre oficial del país como Estado Libre Asociado de Puerto Rico, lo que fue respondido con aplausos y vítores por parte del público.

***

Al ser descubierta en 1493, la Isla fue bautizada como San Juan Bautista por el Almirante Cristóbal Colón. En 1509, el conquistador y primer gobernador, Juan Ponce de León, le cambió el nombre a Puerto Rico. Tras casi cuatro siglos de dominio español, la Isla pasó a ser dominio estadounidense en 1898, como botín de la Guerra Hispanoamericana. Los puertorriqueños adquirieron la ciudadanía americana en 1917 al amparo de la Ley Jones.

En 1952, Puerto Rico pasó a ser un Estado Libre Asociado, un territorio no incorporado bajo la soberanía del Congreso de Estados Unidos. Desde entonces, los puertorriqueños tienen su propia Constitución, eligen a su gobernador y aunque no participan en la elección del Presidente de Estados Unidos, tienen representación en el Congreso mediante un comisionado con voz pero sin voto. Culturalmente, la Isla se mantiene como una nación con identidad propia y ha resistido el embate del adoctrinamiento cultural tras más de 120 años de dominio estadounidense.

Desde la incumbencia de don Luis Muñoz Marín, el primer gobernador elegido por los puertorriqueños en 1948, Puerto Rico tuvo nueve gobernadores hasta la elección del Dr. Ricardo Rosselló en noviembre de 2016.

Pero a partir del 30 de junio de ese año, bajo la administración del presidente Barack Obama, se instauró en la Isla una Junta de Supervisión Fiscal establecida por la Ley para la Supervisión, Administración y Estabilidad Económica de Puerto Rico (Promesa, por sus siglas en inglés). La Junta está compuesta por siete miembros nombrados por el Presidente y tiene total inmunidad en la toma de decisiones —por encima del Gobernador y de la Legislatura— para resolver el descuadre que llevó a la quiebra fiscal.

***

Al ganar la gobernación a los 38 años, Rosselló Nevares no tenía experiencia en el servicio público. Pero para entender mejor esos hechos, conviene remontarnos al pasado, a sus años de adolescencia y juventud temprana.

Su presencia como el menor y más extrovertido de los tres hijos del gobernador Pedro Juan Rosselló González y la entonces Primera Dama Irma Margarita Nevares no pasó inadvertida al ojo público.

Casi todas las escasas alusiones a su persona previas a su vida pública son leyendas urbanas, como el accidente de tránsito ocurrido en la noche del 25 de junio de 1994, en que falleció la licenciada Lilliam Alfonso Nogales y su hijo Julio Antonio Arroyo, de 11 años.

Rosselló Nevares, entonces de 15 años, viajaba junto a Ricardo Molinari Such, de 21 años, en el automóvil que —con las luces apagadas— impactó al de las víctimas. Se especuló que Rosselló Nevares era quien conducía, aunque sin licencia y bajo efectos de alcohol. Por una supuesta maniobra de las autoridades se responsabilizó a Molinari Such, quien cargó con el peso de la versión oficial.

A pesar de su corta edad, los gemelos Julio Antonio y Jorge Alberto Arroyo se ganaban la vida amenizando actividades con su equipo de música, por lo que eran conocidos como los DJ Twins. Aquella fatídica noche regresaban con su madre, Lilliam, de una actividad para la que fueron contratados. El esposo de la abogada y padre de los menores conducía tras de ellos en una guagua en que transportaba el equipo de sonido.

A la altura del Centro Comercial Plaza Olmedo en la carretera PR-177 en el sector El Señorial de Río Piedras, Jorge Alberto, que iba en el asiento trasero, se dio cuenta de la inminencia del impacto y pudo soltarse el cinturón, a la vez que previno infructuosamente a su mamá. Julio Antonio estaba dormido y no pudo soltarse a tiempo. Ambos, Lilliam y Julio Antonio, murieron en el acto.

"Tú no heredaste pecho, tú heredaste un patrimonio
Y a ti por la noche te persiguen los demonios
En la familia que mataste, destruiste un matrimonio
Esto va por Lilliam, y su hijo Juan Antonio…"

René Pérez, Afilando los cuchillos

De acuerdo con versiones de testigos que se encontraban en el estacionamiento de un restaurante McDonald's cercano al lugar, la escolta asignada al hijo del gobernador Pedro Rosselló lo bajó del vehículo por el lado del pasajero y lo sacó a toda prisa del lugar con una aparente fractura. Molinari Such, que es ahijado del entonces Gobernador, quedó solo en la escena. Meses después, se declaró culpable por los hechos y cumplió una sentencia en probatoria.

La única alusión conocida del accidente fatal es una nota periodística sin firma publicada a una columna el 7 de diciembre de 1994, y en la que sólo se hace una sola mención de los imputados por sus apellidos, pero menciona a la víctima por su nombre completo. Hubo un inexplicable silencio en la cobertura periodística sobre el caso y se quedaron muchas interrogantes por aclarar.

> **Muere Familia**
> Accidentes /
> 12 / 07 / 94 - Rosselló Nevares, de 15 años de edad y Molinari Such, de 21 años de edad, acusados por dos cargos por imprudencia crasa o temeraria al conducir un vehículo de motor (artículo 87 del Código Penal). Los hechos por los que se juzgan a los jóvenes ocurrieron el 25 de junio pasado. A consecuencia del accidente automovilístico fallecieron la licenciada Lillian Alfonso Nogales y su hijo de once años, Julio Antonio Arroyo Alfonso. Además de los dos cargos mencionados, se le imputan varias violaciones a la Ley de Tránsito. Se rumora que el menor de edad era el conductor del vehículo.

Se cuenta además que, siendo menor de edad, Rosselló Nevares supuestamente destruyó varios nidos de tinglar mientras conducía un vehículo todoterrenos asignado a la escolta del Gobernador en una reserva natural en Río Grande. Esto es un delito castigable que —se comenta— fue encubierto.

Más tarde, el joven inició estudios universitarios en el prestigioso Instituto Tecnológico de Massachusetts (MIT), en donde obtuvo un bachillerato en Química e Ingeniería Biomédica con concentración en Economía del Desarrollo. Allí fue galardonado con el Premio del Decano por Servicio Comunitario Sobresaliente. Obtuvo un doctorado en Bioingeniería y Neurobiología de la Universidad de Michigan y realizó estudios posdoctorales en la Universidad de Duke en Carolina del Norte, con una concentración en el estudio de las células madre.

Cuando en enero del 2001, el gobernador Pedro Rosselló dijo su póstuma frase "ahí les dejo este desastre" pasaba el batón del poder a la empresaria Sila Calderón. En ese entonces, también fue leyenda urbana las condiciones —se hablaba de vandalismo— en que dejaron algunas habitaciones en La Fortaleza, a tal punto que la nueva gobernadora tuvo que remodelar. La Mansión Ejecutiva del Gobernador, llamada también el Palacio de Santa Catalina, fue construida en el 1533, como una fortificación de defensa del puerto de San Juan.

En el enlace enclavemag.com, el abogado Roberto Ariel Fernández hace alusión al hecho y señala un alegado narcisismo de Rosselló Nevares:

> *"(Su) osadía ... de aspirar a elevaciones que superan por mucho sus capacidades y méritos, ya daba (o debía dar) indicios del desorden mental que se conoce como narcisismo.*
>
> *El narcisista comienza a forjarse desde la infancia y al llegar a su temprana adultez despliega en todo su esplendor su desconexión con la realidad de sus debilidades, de sus carencias de talento y de intelecto, y de su cabal mediocridad. En lugar de esas verdades objetivas, la mente del narcisista construye un universo paralelo en el cual reina suprema, inteligente, capaz, y merecedora de admiración, dinero y poder ...*
>
> *En su desdoble, el narcisista presenta una cara atractiva al mundo, la cual esconde su verdadero yo ...*

*No todos sucumben.... A ésos los descarta o les huye,
para concentrarse en encantar a los que no reconocen
su perfidia ni su corrupción".*

En el 2004, el hijo menor del entonces exgobernador Pedro
Rosselló trabajó como asistente del asesor en Asuntos Hispanos
en la campaña presidencial del general Wesley Clark.

El 14 de junio de ese año, Rosselló Nevares se casó con la
joven Natasha Marie Cervi, pero la unión no llegó al primer
aniversario. De acuerdo con la demanda del caso, su entonces
esposa solicitó la anulación del matrimonio porque se celebró
con supuestos fines fraudulentos. Cervi justificó su petición
bajo la premisa de que un matrimonio puede anularse si el
consentimiento de una de las partes es obtenido mediante fraude
y no hay cohabitación subsiguiente entre éstas.

El caso fue resuelto en el condado de Wayne, en Michigan, y
en el expediente se estipula que "él nunca tuvo la intención de
vivir como marido y mujer". De acuerdo con la exposición de
los hechos, Rosselló Nevares tenía una relación extramarital que
comenzó antes de su matrimonio, según "la propia amante así se
lo confirmó a Cervi". "El demandado no tenía intención de
respetar los votos del matrimonio y su deseo de casarse fue sólo
un frente de calmar a su familia y adelantar su carrera política",
continúa la narrativa.

El mismo escrito también recoge que Rosselló Nevares no
sufragó la luna de miel y que usó los bienes gananciales para
viajar con su amante, lo que fue negado por él. Por acuerdo de
las partes, el matrimonio no fue anulado, aunque sí quedó
disuelto el 25 de febrero de 2010 por la causal de ruptura de los
vínculos matrimoniales.

Poco más de dos años después, el 14 de octubre de 2012,
Rosselló Nevares se casó en la ciudad de New Orleans con su

actual esposa Beatriz, con quien tiene dos hijos. Ella es graduada de bachiller con concentración en psicología de la Universidad Interamericana y posee estudios graduados de *Duke University* en Carolina del Norte. Además, tomó cursos en bienes raíces y —como nota curiosa— representó a Humacao en el certamen de Miss Mundo Puerto Rico.

Las apariciones públicas de Beatriz no estuvieron exentas de momentos pintorescos, como cuando al explicar en una entrevista radial la conveniencia de traducir al inglés la canción Isla Bendita, una especie de himno de lucha compuesto tras el paso del huracán María, confundió el nombre del escritor Gabriel García Márquez y añadió "así como Paulo Coelho tradujo su Cien Años de Soledad".

Semanas antes, el huracán María había hecho su entrada por Yabucoa e inició allí su destructor paso por la Isla a la que dejó sin electricidad. Durante una visita oficial a ese pueblo costero, la Primera Dama llevó unas velas con la inscripción "Familia Rosselló 2018" y dijo en su mensaje oficial que "estamos en un pueblo con un alcalde de otro partido, pero no importa, porque somos un gobierno milenial". No sabía Beatriz que en ese momento imprimió un sello a la administración del gobierno de su esposo.

Se dice, además que, a petición de ella, el administrador de La Fortaleza, Raymond Cruz, ordenó que las féminas del equipo de trabajo del Gobernador —incluida su directora de prensa, Yennifer Álvarez Jaimes— no viajaran con su esposo en un mismo helicóptero, lo que involucraba más gastos de transporte.

Meses después de su boda con Beatriz, Rosselló Nevares publicó su primer libro titulado *Un mejor Puerto Rico es posible*, el cual analiza cómo la condición de Puerto Rico como

Estado Libre Asociado afecta los parámetros sociales y económicos de la Isla y la relación de ésta con otros países. Dicen que el que tiene padrino, se bautiza. Al dar paso a la publicación, la Editorial de la Universidad de Puerto Rico (UPR) obvió que Rosselló Nevares no cumplía con las credenciales profesionales requeridas a otros autores más capacitados y con trabajos en turno.

En ese entonces, Rosselló Nevares acababa de llegar de Estados Unidos. El rector del Recinto de Ciencias Médicas de la UPR, Rafael Rodríguez Mercado, le dio su primer empleo como profesor, pasando también por alto a candidatos con más experiencia y credenciales académicas. Pero toda acción en la política tiene su precio. Cuando Rosselló Nevares se hizo gobernador nombró a su mentor como Secretario de Salud, posición a la que tuvo que renunciar ante señalamientos de ineficiente desempeño del deber en medio de la pandemia de Coronavirus, la peor crisis mundial de salud en tiempos modernos.

EL CAMINO A LA CIMA

En el 2012, Rosselló Nevares fundó el movimiento Boricua ¡Ahora Es! para mover al electorado a votar por la estadidad en el plebiscito de ese año. La fórmula de estatus resultó vencedora por primera vez en una consulta electoral, las que en ocasiones anteriores había ganado el Estado Libre Asociado.

Algunos veían al joven como un posible candidato a la gobernación para las elecciones del 2016 que el Partido Nuevo Progresista (PNP) quería arrebatar a su eterno rival, el Partido Popular Democrático (PPD) y al incumbente Alejandro García Padilla.

El exalcalde de Bayamón, Ramón Luis Rivera, padre, dio un paso adelante y fue el padrino propulsor de Rosselló Nevares en su lanzamiento a la palestra pública y, de paso, presidió su comité de campaña. En adelante, se le empezó a llamar simplemente "Ricky".

El camino se allanaba para lograr la candidatura en las elecciones del 2016. Se le hizo un cambio de imagen. Era un joven muy bien parecido de ojos azules que contrastaban con sus abundantes cejas negras, pero atrás quedó la cabellera larga a los hombros, los mahones y la camiseta deportiva. Se le lanzó al ruedo político sólo con el peso de su juventud y su apellido. Eran su única credencial. Ricky representaba la sangre nueva, pero tenía en contra su evidente falta de experiencia y méritos. Ni siquiera fue líder de barrio. Habría que obviarse todo eso para lograr la presidencia del Partido y la candidatura a la gobernación. Todos sus allegados lo sabían. Era una invitación al desastre, pero siguieron con su apuesta, aunque eso significara enfrentar al licenciado Pedro Pierluisi, máximo líder del partido en aquel momento.

En la convención del Partido Nuevo Progresista el 20 de septiembre de 2015, y ante un abarrotado Coliseo Roberto Clemente, la representante Jennifer González presentó a Ricky Rosselló como "el próximo gobernador de Puerto Rico".

El joven fue recibido con una euforia total. A su entrada, las pantallas de los monitores presentaron su imagen y en las bocinas se escucharon estribillos como "Lo mejor está por venir" y "Un nuevo Puerto Rico es posible".

El público lo ovacionaba. Ante un tímido "gracias, gracias", el público empezó a corear: "Ricky, tranquilo, el pueblo está contigo", "Ricky, tranquilo, el pueblo está contigo", "Ricky, tranquilo, el pueblo está contigo".

"Y yo estoy con el pueblo", les respondió. Entonces, dio paso a una sarta de promesas políticas vendiendo sueños entre villas y castillos que coronó con un "ése es mi norte", que no decía mucho, pero enamoraba.

"... y con la convicción más fuerte que he tenido en toda mi vida, les anuncio que aspiraré a ser el próximo gobernador para juntos construir el nuevo Puerto Rico", anunció ante el público eufórico y entre acordes musicales y una lluvia de confeti.

Pero el camino no estaba llano. Ricky tuvo que disputar en primarias la candidatura a la gobernación de Pierluisi, quien además de ocupar la Presidencia del Partido, era el comisionado residente y había ocupado la Secretaría de Justicia. Eran tan opuestos, que mientras Ricky desaprobaba la recién creada ley PROMESA, Pierluisi la favorecía.

"Mi contendiente no tiene la capacidad probada y la experiencia para liderar a Puerto Rico en el peor momento en su historia moderna... Uno en la vida va ganando más responsabilidades... uno no puede ser jefe sin haber sido empleado y no se puede dirigir una organización sin haber trabajado y sin conocerla de arriba abajo... Esa es la mayor falla... Aspirar a la gobernación, sin nunca haber tenido un puesto de importancia ni en la empresa privada ni en el Gobierno...", se defendió Pierluisi, quien le cantó la verdad al novel aspirante en un debate televisado, cuidándose de dejar lo mejor para el final.

"A mí hay veces que me da pena escuchar a Ricky usar los estribillos de su padre. ... Yo conozco a ese gran gobernador. Perdona Ricky, pero tú no eres Pedro Rosselló... El Puerto Rico de hoy es otro Puerto Rico. Estamos en otro contexto", restregó a la cara de Ricky.

Finalmente, la juventud y el apellido "del hijo del padre y las células madre" tuvo más peso en el resultado de la primaria y Ricky Rosselló venció por 10,702 votos al líder máximo del PNP con un 49% de su partido en contra.

En los comicios de noviembre de 2016 la participación fue de 55.45%, es decir, de 2.8 millones de electores inscritos salieron a votar 1.5 millones de electores.

El candidato del Partido Popular Democrático, David Bernier, también intentó atacar la falta de méritos de su rival novoprogresista. En un careo televisado, y mientras Rosselló Nevares le miraba sin apenas poder responder, Bernier le dijo a la cara:

"La pregunta que te hago yo a ti: dónde tu has trabajado y dónde tu has triunfado. Menciónale al país algo, la aportación que tú le has hecho a Puerto Rico, qué te hace merecedor de ser aspirante a la gobernación".

A pesar de todo, a sus 38 años, Rosselló Nevares obtuvo la gobernación con 660,510 votos a su favor o 41.80% de los votos. Esto representó la menor proporción obtenida por un candidato a la gobernación. El restante 58.20% era de una oposición fragmentada por otros cinco candidatos. De ese porcentaje, un 16.8% fue obtenido por las candidaturas independientes de Alexandra Lúgaro y Manuel Cidre, lo que representó una estocada al bipartidismo.

Al iniciar su mandato, se rodeó de asesores jóvenes y con poca experiencia. Vendió la ilusión de tener un plan, que luego se convirtió en el plan del plan, y después en el plan, del plan del plan, cuya indefinición se volvió en un chiste nacional. La juventud o inexperiencia de algunas figuras de su equipo de trabajo hicieron a su padre —el exgobernador— levantar bandera. Pero Ricky no siguió consejos.

En una columna titulada "Quién fue Ricardo Rosselló" (El Nuevo Día, 17 de agosto de 2019), el escritor Eduardo Lalo expuso:

> *"... Sin carrera, sin apenas experiencia laboral, tuvo escoltas, choferes, vehículos blindados, viajes a eventos deportivos internacionales. La gobernación era para disfrutar privilegios y entre éstos estaba el mayor de todos: el de poder mentir, manipular, engañar, vejar, traicionar y salirse con la suya sin que pasara nada... Nunca pensó que los puertorriqueños lo condenáramos en cuestión de días a la ignominia, el desprecio y la burla..."*

Carlos Rubén Rosario

MARÍA: EL PRINCIPIO DEL FIN

Para hablar del Verano del '19, habría que desviarse un poco para examinar profundamente el escenario que dejó a su paso el mal recordado huracán María, el peor desastre natural que ha sufrido Puerto Rico. Y es que la revuelta pacífica no hubiese surtido mayor efecto, del pueblo no haber sufrido antes la calamidad que dejó el paso del ciclón.

Eran las 6:15 p.m. del 20 de septiembre de 2017 cuando el huracán María entró por Yabucoa con vientos sostenidos de 155 millas por hora (mph), según los datos registrados antes de que se rompieran los medidores de impacto. Dos semanas antes, el día 6, el huracán Irma había rozado la costa oriental con vientos aproximados de 105 mph, a su paso a sólo 17 millas de Fajardo. Un cambio en la trayectoria a última hora salvó a la Isla de una catástrofe mayor.

Días antes del paso de los huracanes, el director de Transmisión y Distribución de la Autoridad de Energía Eléctrica, Edgardo Rivera, aseguró que el sistema aguantaba el impacto de un ciclón.

Los vientos de categoría 5 hicieron colapsar no sólo los sistemas de energía eléctrica sino la red de telecomunicaciones, y con eso las transmisiones radiales y televisivas. Por semanas y meses, conocer la suerte de familiares y amigos ya fuese por carreteras, comunicación celular o por internet, fue prácticamente imposible. El colapso del sistema de semáforos, la caída de árboles y los derrumbes en la región montañosa afectaron la comunicación vial.

Por todo lo anterior, más allá de su contorno inmediato, los residentes de la Isla —muchos de ellos sin techo en sus casas— estuvieron ajenos por semanas y los meses siguientes a los estragos que dejó el huracán en sus comunidades y en la Isla.

El Gobernador prometió que el sistema eléctrico estaría restablecido en un 95% en tres meses, para mediados de diciembre del 2017. Promesa vana.

Ante la ausencia de sesiones de diálisis, muchos enfermos murieron por la falta de energía para mantener el funcionamiento de máquinas salvadoras. Una planta eléctrica en hospitales, una bolsa de hielo que ayudara a conservar medicamentos o gasolina para abastecer vehículos y poder llevar a pacientes a recibir atención médica, se convirtieron en artículos de máxima prioridad.

El Gobierno insistió en que hubo sólo 64 fallecidos como consecuencia directa del paso del ciclón. La cifra contrastaba con el estimado de 4,645 muertes por consecuencia indirecta que certificó un estudio de la Universidad de Harvard. Sin embargo, el conteo fue mayor al de otro estudio de la Universidad de Washington que estimó la cifra de muertes indirectas en 2,975.

Ante estas revelaciones, el Registro Demográfico certificó que 1,431 personas murieron en los tres meses que siguieron al huracán María. Fue un estimado menor a los anteriores. Sin embargo, aunque no se especificaban las causas de estas muertes, hubo un notable aumento en la tasa de mortalidad comparado con el mismo periodo en años anteriores, y era evidente la relación de esto con el paso del fenómeno atmosférico. Además, parecía sustentar las denuncias de agentes funerarios y hospitales que alertaban que el incremento de muertes no concordaba con el estimado del Gobierno.

Hubo denuncias de que la falta de preparación y cierta negligencia del Gobierno y de la Agencia Federal para el Manejo de Emergencias (FEMA) fue en gran parte responsable por el alza en las muertes tras el impacto del huracán. Sin embargo, será difícil determinar a ciencia cierta cuántas muertes fueron por consecuencia directa o indirecta y cuántas pudieran ser atribuidas a la incompetencia o negligencia de las entidades gubernamentales.

De otra parte, la recuperación del País se afectó gravemente ante las ataduras de la Ley de Cabotaje, que requiere que el transporte marítimo de mercancía a la Isla sea exclusivamente mediante puertos y barcos estadounidenses, lo que encarece el precio de los productos importados.

Por meses, las noches se pasaron a oscuras. Los hogares carecían de agua y electricidad y suministros en las alacenas. Largas filas se formaron frente a las gasolineras y en los pocos comercios que ofrecieron lo poco disponible en sus góndolas. El puertorriqueño aprendió de prioridades y rehízo su listado de lo que son las verdaderas comodidades.

Los lugares de trabajo que quedaron en pie tardaron en restablecer sus operaciones, por lo que aumentó la cifra de desempleo. El Instituto de Estadísticas estimó en 850 mil los empleos perdidos a un mes del paso del huracán.

La tasa de suicidios aumentó en un 20% en el 2017 respecto al año anterior, aunque no se puede establecer una correlación directa de esto con la desolación tras el paso del huracán. Los intentos de suicidio se triplicaron. La línea de auxilio de Salud Mental recibió 3,050 llamadas desde septiembre de 2017 hasta enero del 2018 en comparación con unas 882 en el mismo periodo anterior.

Por largas semanas, en las comunidades de puertorriqueños en Estados Unidos creció la angustia de quienes querían saber de sus familiares y amigos. En los aeropuertos de esas grandes metrópolis, a los que llegaron miles de familias en busca de refugio, se vieron desgarradoras y emotivas escenas como lo fueron los ataques de llanto en respuesta a la pregunta de cómo está la Isla.

La migración masiva disminuyó en casi un 6% la tasa poblacional, que había ido mermando desde la crisis económica que comenzó en el 2005. De ese total, un 4.3% de los casos sucedió en el 2018 cuando la cifra poblacional fue de 3.2 millones de habitantes.

De acuerdo con el Instituto de Estadísticas, sólo en septiembre de 2017 la Isla perdió 40 mil residentes, cifra que se elevó un mes después a 100 mil y en noviembre llegó a 45 mil personas. Florida recibió 59,212 personas hasta alcanzar los 1.18 millones de puertorriqueños. Mientras, Pensilvania recibió 31,870, un crecimiento de 7.2%, para albergar a 477,312 boricuas.

La administración gubernamental levantó un Centro de Operaciones de Emergencias (COE) en el Centro de Convenciones Pedro Rosselló, que ante la falta de energía eléctrica fue habilitado con plantas eléctricas y contaba con acondicionador de aire. Nadie estuvo lo suficientemente preparado para el paso del huracán. Mucho menos, los funcionarios de gobierno sin la preparación en la logística tras un desastre. El lugar se convirtió en una guarida de buscones, de familiares y amigos con contactos en la administración gubernamental que husmeaban de dónde sacar jugosos contratos a costa de la miseria humana.

Una de esas escandalosas revelaciones lo fue el contrato de $300 millones otorgado a la Empresa White Fish Energy Holdings, con sede en Montana, y que sólo contaba con dos empleados en nómina. Aun así, pretendía restaurar el tendido eléctrico caído tras el huracán. Tras adjudicarse el contrato sin licitación previa, la nómina de la empresa aumentó a 300 empleados. Esto fue objeto de una investigación del Congreso y sirvió como botón de muestra de la corrupción y el despilfarro imperantes.

Tras el paso del huracán Irma, que precedió una semana antes a María, fue incorporada la organización Juntos y Unidos por Puerto Rico como una entidad sin fines de lucro que luego sería conocida como Unidos por Puerto Rico. Las peticiones de donativos y las finanzas de la entidad fueron objeto de una investigación del Negociado Federal de Investigaciones (FBI, por sus siglas en inglés).

El 10 de diciembre de 2017, Unidos por Puerto Rico celebró un exitoso teletón en los predios de la Destilería Bacardí en Cataño en el que recaudó $30 millones, del total de $42 millones destinados a agua y alimentos, construcción y reparación de viviendas y adquisición de suministros relacionados con el bienestar social y desarrollo humano. Los fondos fueron repartidos entre unas 194 organizaciones sin fines de lucro para ayudar a los damnificados de los huracanes Irma y María.

La organización operó de forma independiente del Centro de Acopio establecido en el Coliseo de Puerto Rico. Este último fue creado por orden ejecutiva para realizar labores de recolección y distribución de artículos donados, de las que de forma separada se había hecho cargo el Gobierno. El Centro cerró operaciones el 30 de junio de 2019.

Como portavoz de Unidos por Puerto Rico, la primera dama Beatriz Areizaga convocaba a empresas a participar del esfuerzo, que luego fue objeto de múltiples señalamientos por el mal manejo en el control y distribución de los vagones de suministros y artículos de primera necesidad.

Ese fue el trasfondo de la visita del presidente Donald Trump a la Isla el 3 de octubre, trece días después del paso del huracán. El avión presidencial arribó poco antes de las 11:45 a.m. a la Base Aérea Muñiz en San Juan. El Presidente y su esposa Melania fueron recibidos por el Gobernador y la Primera Dama y la comisionada residente Jennifer González, que le acompañó en el vuelo.

Tras una reunión con el Gobernador, varios alcaldes y personal de emergencia, se celebró una conferencia de prensa en el hangar. Allí, el mandatario estadounidense despotricó contra el pueblo de Puerto Rico en un acto de insensibilidad y objetó asignar una partida de fondos a la recuperación de la Isla, pues esto descuadraría el presupuesto federal.

"Odio decir esto, Puerto Rico, pero han dejado nuestro presupuesto un poco fuera de control. Hemos gastado mucho dinero en Puerto Rico", dijo Trump. Sentado a su lado, el Gobernador callaba y se limitó a mostrar una tímida sonrisa. Trump le miró y le preguntó por la cifra de muertos.

"Dieciséis", le respondió Rosselló Nevares, al citar la estadística oficial que luego aumentó a 64. El estimado no respondía a la realidad, pues el Gobierno descartó incluir las muertes por consecuencia indirecta del impacto del huracán.

Allí mismo, la respuesta del Gobernador fue ridiculizada por Trump, que ante todos se despachó con "la cuchara grande" para asegurar que el huracán María "no fue una catástrofe real".

"Tenían 72 mil millones de dólares en deuda antes de los huracanes y una red eléctrica que no funcionaba", dijo sin tapujos sobre la que es considerada la mayor bancarrota de un

33

territorio de Estados Unidos. "Pero los ayudaremos a ponerse de pie", restregó Trump en la cara a los puertorriqueños.

"Cada muerte es un horror, pero si ven una catástrofe real como lo fue Katrina y ven los cientos y cientos de personas que murieron y ven lo que ocurrió aquí con una tormenta…", afirmó el Presidente mientras miraba al Gobernador, quien asentía a su lado.

"¿Cuál es el conteo de muertos hasta el momento? Dieciséis personas. Dieciséis personas fallecieron versus miles. Deben estar muy orgullosos de toda su gente trabajando junta", siguió Trump en su diatriba. Ni el Gobernador ni ninguno de los funcionarios o políticos allí presentes hizo ademán de aclarar dudas. Ninguno mostró indignación alguna ante la respuesta.

Pese a todo, Rosselló Nevares quería una foto al lado de Trump. Como chiquillo frente a una personalidad, justo antes de concluir la conferencia de prensa se tomó un *"selfie"* sonriente al lado del Presidente de Estados Unidos, el hombre que momentos antes había ridiculizado y minimizado la tragedia vivida en la Isla.

Terminada la reunión, el Presidente saludó a los asistentes. Al acercarse a la alcaldesa de San Juan, Carmen Yulín Cruz, ésta le recordó: "Esto no se trata de política", al tiempo que respondía al apretón de manos. El mandatario ignoró el comentario, pero optó inmediatamente por saludar con un movimiento general de mano a los presentes y partió del lugar.

De ahí, Trump fue llevado al vecindario de la urbanización Muñoz Rivera, de Guaynabo, bastante lejos de las zonas severamente afectadas en el centro y sureste de la Isla. En la iglesia Calvary Chapel, en el sótano del centro comercial aledaño, hizo gesto de ayudar a la repartición de comida en el lugar. Nunca se debe desaprovechar una buena oportunidad de relaciones públicas.

El Presidente estaba frente a una mesa en la que se habían colocados varios rollos de papel toalla. En un gesto espontáneo lanzó algunos a los presentes como si fueran pelotas de básket. Esto fue tomado como una ofensa al pueblo, ya descontento por la tardía respuesta del gobierno federal. El hecho fue calificado como una ofensa por la prensa mundial. En Argentina, el periódico La Nación lo resumió en un titular como "el papelón de Donald Trump en Puerto Rico".

> *Rosselló Nevares quería una foto al lado de Trump. Como chiquillo frente a una personalidad, se tomó un "selfie" sonriente al lado del Presidente*

La relación entre el Gobernador y el Presidente de Estados Unidos se tornó tirante ante la tibia respuesta federal a la mitigación del desastre dejado por el huracán. Cuando se tocó el tema en una entrevista con la emisora nacional de noticias CNN, el Gobernador insinuó que le daría un puño en la boca a Trump.

"Está tratando con un hostigador", recordó el periodista Jim Acosta al Gobernador.

"Si el abusador se acerca, le daré un puñetazo en la boca", respondió Rosselló Nevares.

"¿Así como así?", insistió el periodista.

"Así como así. Sería un error confundir la gentileza con el coraje", reafirmó Rosselló Nevares en la entrevista en inglés. En encuentros posteriores con la Prensa aclaró que su expresión no debía ser tomada literalmente, sino que se trataba de una metáfora.

Al pasar los meses, crecía la indignación del pueblo ante la insistencia gubernamental de no reconocer un saldo mayor de víctimas, a pesar de las cifras reveladas por los citados estudios. El Secretario de Seguridad Publica, Héctor Pesquera, subestimaba las cifras con el razonamiento de que no eran resultado de un estudio científico.

**

Ante esto, el pueblo respondió a una convocatoria para que en la plazoleta frente al Capitolio, y a modo de protesta silente, las personas colocaran zapatos de sus seres fallecidos acompañados de mensajes alusivos. La muestra artística logró recopilar más de los 4,645 pares representativos de la cifra de fallecidos que reconoció el estudio de la Universidad de Harvard.

El Gobernador y su familia visitaron el lugar temprano en la mañana del domingo 3 de junio del 2018, sin que esto fuera anunciado a la Prensa. En un momento dado, la Primera Dama se agachó para colocar un par de zapatos a la demostración de duelo y por unos momentos se mantuvo en reflexión. Ese día los portales de prensa publicaron una foto del momento, que de acuerdo con el calce explicativo fue tomada por Zenaida Acevedo, una supuesta corredora que hacía su rutina de ejercicios por el lugar.

Pero nunca hubo una corredora. El tiro salió por la culata. La estrategia de relaciones públicas fue desenmascarada al publicarse otra foto del momento en que un fotógrafo que llevaba al cuello un carnet con identificación de La Fortaleza retrataba a la Primera Dama en supuesta reflexión frente a los pares de zapatos. Esto puso en entredicho la autenticidad del gesto, que fue calificado como un acto propagandístico.

Días después, el periodista Benjamín Torres Gotay anunció el acto en su cuenta de *Twitter*. Como si no fuera suficiente la indignación popular, la Primera Dama le sugirió en un comentario en respuesta que, una vez concluyese la demostración de duelo, algunos zapatos podrían ser llevados a su Oficina para ser donados a estudiantes en el curso escolar próximo a comenzar.

"¿Te puedo enviar las 10 regiones por la isla del #back2school? ¿Los zapatos pueden ser de niños? Este año quisiéramos añadir áreas donde los niños puedan buscar zapatos además de bultos, libretas, materiales...", preguntó Beatriz en un comentario que algunos elogiaron y otros criticaron como insensible.

Una semana después de la demostración de duelo frente al Capitolio, fueron hallados 52 cuerpos en vagones refrigerados en el patio del Negociado de Ciencias Forenses. Eso destapó la crisis que había en el Instituto ante la falta de personal. En ese momento más de 300 cuerpos estaban en turno para ser examinados.

La imagen fue recordada al revelarse que, en el chat de la infamia, el ex representante del Gobernador ante la Junta de Supervisión Fiscal, Christian Sobrino, preguntó aquello de "¿No tenemos algún cadáver para alimentar a nuestros cuervos?, quizás la línea más aborrecible del documento.

***

L a crisis gubernamental parecía un barco que hacía agua y cuyo capitán y tripulación no daban abasto en tapar los coladeros. Como si no fuera suficiente, un mes más tarde, el 10 de agosto, varios furgones con suministros dañados o expirados fueron descubiertos en terrenos de la Comisión Estatal de Elecciones en Hato Rey. El contenido nunca llegó a los damnificados del huracán María.

Sin embargo, el Departamento de Justicia dio por buena la explicación sobre el hecho que dio la Guardia Nacional, y sin hacer una investigación previa, la Secretaria Wanda Vázquez Garced, determinó no tomar acción. La omisión por parte de la Titular de Justicia fue interpretada como un intento para proteger a la Primera Dama, Beatriz Rosselló y a miembros de la Junta de Unidos por Puerto Rico.

En esos días, el entonces Secretario de la Gobernación, Raúl Maldonado Gautier, ordenó una auditoría sobre ese hallazgo a las firmas BDO y Robles & Associates LLC. Un mes después, el 18 de septiembre, hubo un intercambio de correos entre Maldonado Gautier y la Secretaria de Justicia. El Secretario de la Gobernación había enviado para la revisión de Vázquez Garced el borrador de un comunicado sobre la auditoría de los vagones, y ésta le solicitó que se eliminara la parte que mencionaba que hubo un referido a Justicia. El escandaloso intercambio de correos fue revelado por la periodista Sandra Rodríguez Cotto.

"Me enviaron un borrador del comunicado de su oficina sobre el informe de los vagones. No tengo los elementos para opinar del mismo. Entiendo debe ser la OSG (Oficina de Servicios Generales) quien divulgue los resultados al pueblo. Desconozco la metodología y el proceso llevado a cabo. De hecho, si no hay conducta criminal no se debe referir a Justicia", expuso Vázquez Garced en la comunicación.

"… Que no hay acción criminal y no requiere intervención de Justicia. Así no me ponen en posición (de) investigar y emitir expresiones", fue la contundente posición de la Secretaria de Justicia, al lavarse las manos y hacerse de la vista larga en el caso del escandaloso manejo de los vagones.

No era la primera vez que a la titular de Justicia se le señalaba por su dejadez a no investigar casos remitidos a la consideración de su agencia. Se vio en una situación similar con el referido de un esquema de venta de influencias y presiones indebidas por parte de una asesora del Gobernador identificada como María Palau y su esposo, José Ojeda, para que se agilizara la otorgación de licencias a dispensarios relacionados con el cannabis medicinal. Otro ejemplo fue el referido para investigar el esquema de fraude que resultó en la desaparición de $11 millones en cuotas y pagos de multas a la Junta de Farmacia.

La aparición de los primeros furgones parecía ser la "punta del témpano" de un escándalo mayor. Se supo que un empleado de la Autoridad de Transporte Marítimo autorizó el uso de un solar de su propiedad en Toa Alta como almacén de furgones con suministros. Salió a relucir que por cada uno de esos cientos de furgones en cada rincón de la Isla se pagaba una renta diaria de $200. Hubo arrendatarios que hicieron su agosto con el "extravío" o varamiento de los contenedores ante los retrasos en la distribución de mercancía. Por su parte, FEMA llegó a desembolsar $60 millones por concepto de demoras en el tiempo de alquilar furgones no relacionados a Unidos por Puerto Rico debido a los retrasos en las operaciones.

A ese escandaloso descubrimiento le siguieron otros más a casi un año del paso del huracán: como el hallazgo de las 20,080 paletas de agua valoradas en $22 millones abandonadas en el aeropuerto José Aponte de la Torre, en Ceiba; otras paletas de agua expirada repartidas en Dorado, y un cargamento de suministros y 600 cajas de leche que —de acuerdo con el video tomado por una ciudadana— fue llevado a la residencia del representante del distrito de Arroyo-Salinas-Guayama, Luis R. "Narmito" Ortiz, quien aseguró que los llevó hasta allí por razones de seguridad.

En el aniversario del paso de María, el Secretario de Estado, Luis G. Rivera Marín, viajó a Estados Unidos en donde coincidió con el presidente Trump en la conferencia de prensa en que éste afirmó que la cifra de 2,975 muertes tras el paso del huracán, estimada en el estudio de la Universidad de George Washington, era una invención de los demócratas. Rivera Marín tampoco refutó el exabrupto del Presidente y, como la gran mayoría de los políticos locales, permaneció callado.

No sería la última vez que el Gobierno se veía en un escándalo de retraso de repartición de suministros. El 18 de enero de 2020, un almacén repleto de alimentos expirados o a punto de expirar y artículos de primera necesidad fue descubierto en la zona portuaria de Ponce, un par de semanas después de que la zona suroeste fuera afectada por dos terremotos. Ante el descubrimiento, hubo reclamos de traqueteos y de ausencia de un plan de emergencia por parte de la administración gubernamental de la entonces gobernadora Wanda Vázquez. Han pasado varias administraciones gubernamentales y el Gobierno, que aún no ha construido una sola casa a los afectados tras el huracán María, ahora también tiene a decenas de familias sin techo tras el impacto de los terremotos.

Y LLEGAMOS AL VERANO DEL '19...

Y con ese trasfondo, llegamos al momento que nos ocupa... A mediados de junio del 2019, las autoridades federales investigaban varios contratos entre Hacienda, Educación y la Administración de Servicios de Salud (ASES) con la firma de contabilidad y auditoría, BDO Puerto Rico, presidida por Fernando Scherrer Caillet.

BDO tenía contratos por $15.8 millones con el Departamento de Educación y por $55 millones con ASES. La empresa acaparó contratos de contabilidad y triplicó sus servicios bajo la presente administración de gobierno.

Alberto Velázquez Piñol, consultor de la firma y especializado en asuntos gubernamentales, supuestamente se valía de sus influencias en las agencias para someter propuestas que llenaran sus necesidades específicas.

La figura de Velázquez Piñol no era nueva. Se había mantenido laborando discretamente, pero su nombre se volvería muy familiar a partir de entonces. En el 2009, y a pesar de sólo contar con un cuarto año de escuela superior, el consultor fue nombrado por el exgobernador Luis Fortuño como director de la oficina del Banco Gubernamental de Fomento en Nueva York, con un sueldo anual de $150 mil. Luego dirigió un grupo de trabajo en el Departamento de Educación, cuando la agencia estuvo en sindicatura federal.

La administración de Ricardo Rosselló lo reclutó inicialmente como parte de un grupo especial multisectorial para la implantación del Plan Vital de Salud. Sin embargo, en la práctica, Velázquez Piñol era más que un consultor. Se aprovechaba de su acceso en las agencias para personalmente o mediante correo electrónico impartir instrucciones como si tuviera tal autoridad, al punto que los empleados llegaron a creer que era un ejecutivo del Gobierno.

En respuesta a estos señalamientos, el Secretario de Hacienda, Raúl Maldonado Gautier y el Secretario de Asuntos Públicos, Anthony Maceira, emitieron una orden de cancelación a los contratos con la empresa.

Sin embargo, los federales también investigaban a Virtus Consulting Group y Optima Consulting LLC, empresas con contratos con el gobierno con las que se relacionaba a Raulie Maldonado Nieves, un contador público hijo del titular de Hacienda. Al hacerse público el parentesco, la representante María Milagros Charbonier defendió la contratación de Raulie y dijo que no se podía castigar negando contratos a los "hijos talentosos" de funcionarios de gobierno.

"Una persona talentosa que sea hijo de un funcionario de Gobierno, ¿no tiene derecho a trabajar? …Y si lo hace bien…los padres no tienen culpa de tener hijos talentosos…", afirmó Charbonier, dando paso a comentarios y memes en redes sociales. Desde entonces, el calificativo "hijos talentosos" se unió al de los "amigos del alma" para referirse a los privilegiados favorecidos por el Gobierno.

En junio de 2017 y mediante Centurion Consulting Corp., Raúl Maldonado Nieves obtuvo su primer contrato por $20 mil con la Administración de Vivienda Pública. Desde ese entonces y hasta principios del 2019, las contrataciones con la administración Rosselló sumaron unos $535 mil. Además de Virtus Consulting y Optima Consulting LCC, Maldonado Nieves estuvo ligado a otras corporaciones como Integrity Technology, On Point Strategy y 6th Element, que tuvieron a su haber más de 25 contratos con nueve agencias gubernamentales y un municipio.

La entonces titular de Hacienda, Teresita Fuentes, prescindió del contrato con Optima Consulting LCC. Los expedientes investigativos sobre estas contrataciones fueron referidos por la Secretaria de Justicia al FBI. Meses después, Fuentes prestó testimonio sobre esto ante un Gran Jurado.

En tanto, el Secretario de la Gobernación siempre alegó que contrario a lo que se decía públicamente, su hijo no tuvo contratos directa o indirectamente con Hacienda, y que las transacciones habían sido aprobadas por la Oficina de Ética Gubernamental.

***

En esos días del inicio del verano de 2019, el agente enlace de la Oficina del FBI en San Juan, Douglas Leff, confirmó que había en proceso una investigación masiva de fraudes, contratos y sobornos, y en perfecto español aconsejó a los funcionarios con manos manchadas que acudieran a su oficina "a cantar como pajaritos".

"Llegaremos hasta ustedes… Hasta entonces cada una de sus noches serán más y más largas y las horas en que no logren conciliar el sueño serán menos y menos… Vamos a darles 'pon' a la cárcel. Gratis, gustosamente gratis, en el asiento trasero de un vehículo oficial del FBI", alertó el agente federal. En 1966, Leff había comenzado a trabajar con el FBI en Nueva York, donde se especializó en crimen organizado, lavado de dinero y financiamiento del terrorismo. A pesar de su abultada trayectoria, se ganó simpatías por su empeño en aprender español y por su preferencia a conducir su propio vehículo en actividades oficiales, en lugar de utilizar un chofer.

Sin necesariamente darse por aludido, el Secretario de Hacienda pareció seguir el consejo de Leff, quien obvió decir que los funcionarios gubernamentales que acudieran a su oficina debían —por cortesía— notificar primero al Gobernador.

Quizás siguiendo la estrategia de "el que da adelante, da dos veces", en la tarde del viernes 21 de junio —y sin encomendarse a nadie— Maldonado Gautier acudió a las oficinas del FBI para dar testimonio sobre la investigación de contratos otorgados en el Departamento de Hacienda.

En adelante, serían varios los encuentros de Maldonado Gautier con los federales y al menos en una ocasión, se reunió con Leff en San Juan.

Dos días después, el lunes 24, Maldonado Gautier estuvo de invitado en varias emisoras radiales de San Juan. En esos días, su presencia en la palestra pública había sido echada de menos, y se criticó que supuestamente se había ido de vacaciones en momentos en que se discutía el presupuesto fiscal.

Esa mañana, ni él ni nadie imaginaba que, al iniciar su entrevista ante el periodista Rubén Sánchez en WKAQ 580 am, destaparía una caja de Pandora que sería el inicio de una cadena de hechos que iba a cambiar el curso de la gobernación y con eso la historia del País.

"Había funcionarios vendiendo influencias, licencias falsas... Es una mafia institucional de muchos años en los cuales se había mantenido esto como un negocio... Un funcionario en particular trató de extorsionarme al yo moverlo y mandarlo para la investigación...", denunció Maldonado ante el comentarista radial.

El asunto era sumamente serio, pues el funcionario estaba a la cabeza de la agencia que custodia información sumamente confidencial de los contribuyentes.

"La pena que me da es que son de mi administración", aceptó. Era la primera vez que un secretario en funciones hacía una denuncia de tal gravedad, máxime cuando además se trataba del "hombre fuerte" de la administración que se encargaba de todas las finanzas de un gobierno en quiebra bajo escrutinio de una Junta de Supervisión Fiscal y con una deuda de $72 mil millones.

> *"Había funcionarios vendiendo influencias, licencias falsas… Es una mafia institucional de muchos años en los cuales se había mantenido esto como un negocio…"*

El señalamiento cayó como un balde de agua fría debido a la imperante desconfianza de las instituciones gubernamentales y la frágil posición de la Isla ante los mercados internacionales. A preguntas del comentarista, Maldonado Gautier aceptó que nunca informó al Gobernador de lo que había denunciado.

Al salir de la emisora, un pensamiento inquietó al funcionario. Quería dejar claro que la pesquisa del FBI no era contra él. Entonces el titular de Hacienda detuvo su paso y envió un mensaje en letras mayúsculas a Rubén Sánchez. Poco más tarde envió copia a otros periodistas.

"Desafortunadamente tenemos unos pocos (empleados) que han seguido un camino con prácticas ilegales. Estamos colaborando activamente con agencias estatales y federales ante investigaciones que incluyen venta de influencias, licencias ilegales, destrucción de documentos, uso de accesos ilegales, accesar (sic) a información confidencial de contribuyentes y otras actividades…"

"Se ha expandido a funcionarios que han tratado de extorsionarme y han entrado ilegalmente a los *records* de pasados clientes míos… manipulando la información en el sistema… Me apena indicar que incluye a funcionarios vinculados a la administración de alto nivel", denunció el funcionario, a quien se referían por "Namasté", por su habitual saludo que es una expresión espiritual de respeto usada en la India y aplicada en la disciplina yoga.

Mientras fue titular de Hacienda, su predecesora Teresita Fuentes, advirtió ante el Gobernador y la Secretaria de Justicia sus preocupaciones sobre irregularidades en las áreas de información, programación y seguridad. Aunque Fuentes nunca lo dijo públicamente, hubo denuncias de que aún como Secretario de la Gobernación, Maldonado Gautier mantenía cierto control sobre el Departamento de Hacienda, lo que dificultaba el trabajo de ella. Se hablaba de contrataciones impuestas desde Fortaleza y de que, además, mediante sus empresas, su hijo Raulie 'cobraba peaje' para lograr acceso a los altos niveles en Hacienda.

Rosselló Nevares nunca tomó acción sobre las denuncias, y ante esto, Fuentes —que había sido nombrada en el cargo siete meses antes— renunció tan tarde como a las 11 de la noche del 28 de enero de 2019. Alegó "diferencias en los ideales de política pública de la presente administración". Junto a ella renunció el subsecretario Juan Carlos Puig.

La semana previa a la renuncia de Fuentes, Rosselló Nevares transfirió al Subsecretario de la Gobernación, Ricardo Llerandi Cruz, la potestad de decidir sobre las contrataciones gubernamentales. De esta forma liberaba a Maldonado Gautier, entonces Secretario de la Gobernación, de tener una dispensa de Ética Gubernamental para tomar decisiones sobre los contratos de su hijo.

Al renunciar Fuentes, Rosselló Nevares dio un espaldarazo a Maldonado Gautier no sólo reteniéndolo en la Secretaría de la Gobernación, sino convirtiéndolo en un Súper Secretario al nombrarlo a la Secretaría de Hacienda y como director de la Oficina de Gerencia y Presupuesto (OGP), convirtiéndose en el principal oficial financiero del País. El funcionario además gozaba de la confianza de la Junta de Supervisión Fiscal, con la que tenía excelentes relaciones.

La visita de Maldonado Gautier a diversas emisoras radiales coincidió con la comparecencia ante un Gran Jurado del Secretario de la Gobernación, Ricardo Llerandi, para entregar documentos y declarar sobre las funciones delegadas al consultor de la firma BDO, Alberto Velázquez Piñol, como parte de la pesquisa federal sobre irregularidades en contrataciones. Días después, también fue citado el exasesor legal del Gobernador, Alfonso Orona.

Fue por esta razón que Llerandi no fue quien informó —como correspondía a su cargo— sobre la salida de Maldonado Gautier de todas sus posiciones en el Gobierno, cuatro horas después de que el Súper Secretario hiciera públicas sus denuncias. En su lugar, fue el propio Gobernador quien lo hizo.

Rosselló Nevares quiso dejar claro que prescindió del funcionario, no por sus expresiones, sino por no haber sido informado antes de las denuncias hechas. "Son serias las irregularidades en el Departamento que él tiene la responsabilidad de dirigir, las cuales nunca me informó". Junto con Maldonado Gautier salió el Subsecretario de Hacienda, Francisco Peña.

"Ante esa situación y ante la pérdida de confianza que implica, efectivo de inmediato he solicitado la renuncia... a todos los cargos que ocupa en el Gobierno. Lo remuevo porque hay una serie de imputaciones serias, que como gobierno se debe tomar acciones sobre ellas con las autoridades pertinentes...", declaró el Gobernador, quien refirió los señalamientos a la inspectora general, Ivelisse Torres.

Pese a su defensa de que le había advertido varias veces al Gobernador, la acción de Maldonado Gautier fue sin duda una desacertada decisión que fue vista como una traición a su confianza. El ex hombre fuerte de la Administración Rosselló estaba al frente de la artillería pesada contra la Junta de Supervisión Fiscal y era el principal aliado del Gobernador, a tal grado que apostó a su veteranía, no una, sino tres veces. Quedó en el aire la interrogante de si el Gobernador llegó a hurgar hasta encontrar quién intentó sobornar al funcionario.

La destitución de Maldonado Gautier fue como la caída en cadena de fichas de dominó... Esa tarde, Raulie, el contratista "hijo talentoso" del exsecretario de Hacienda y cuyas cuestionadas contrataciones defendió la representante Charbonier, utilizó su plataforma de *Facebook* y no sólo despotricó contra el Gobernador, sino que insinuó que tenía evidencia de graves acusaciones de corrupción.

"Presentaré mi evicencia (sic). Gobernador dime si no estuvimos en tu oficina reunido con el presidente de BDO y usted pidiendo que se cambiara el reporte de Unidos por PR los furgones porque afectaba su esposa", denunció Raulie en el primero de varios planteamientos hechos, entre faltas de ortografía, por su red social.

Sería la primera vez que un contratista hacía acusaciones de esa naturaleza contra un gobernador. Por eso, inicialmente se creyó que era una cuenta falsa, y no fue hasta que se constató la autenticidad del escrito con el autor, que la avalancha de reacciones revolvió el ya alborotado avispero que no se calmaría en todo el verano.

Evidentemente, Raulie, al que meses antes le habían quitado sus cuantiosos contratos con el Gobierno, estaba herido con la expulsión de su padre. En ese primer mensaje, no sólo acusó a Rosselló Nevares de pedir que se "maquillara" la información sobre el uso de recursos por Unidos por Puerto Rico para no manchar el nombre de su esposa, sino que fue más lejos:

"Habla de los cueques (sic) en la gabeta (sic), sino (sic) habla de los textos enviados", añadió en abierto desafío al Gobernador. "…Si no sabía, eras inepto. Es bien diferente pq Gobernador usted sabía, no ere (sic) inepto pq lo eres, eres un corrupto".

Las faltas y el descuido en las reglas de ortografía llevó a especular una evidente inestabilidad emocional. Dice un popular dicho que "la venganza se sirve en platos fríos" y los Maldonado lo sabían… Y no tenían prisa.

En una entrevista posterior con la reportera Margarita Aponte, Raulie especificó que se refirió a una gaveta del escritorio del asistente de la Primera Dama… "Cuando llegue la investigación lo van a saber". Supuestamente, eran cheques guardados a la espera de una decisión sobre la participación de la Primera Dama en la repartición de ayuda a los damnificados.

Esto apunta al exadministrador de la Oficina del Gobernador, Luis Martínez Suárez, vinculado a la controversia de los vagones extraviados con suministros para los damnificados tras el huracán María y a la compra de una guagua Chevrolet Suburban blindada valorada en $245 mil, para uso del Gobernador, que inicialmente, se dijo, fue destinada a la División de Armas y Tácticas Especiales (SWAT) de la Policía, pero finalmente se supo que a dos años de la compra, no había sido entregada y permanecía en Texas.

Sin embargo, fue su propuesto acuerdo de mordaza a empleados de La Fortaleza que les impediría declarar sobre gestiones internas, lo que le costó que el Gobernador prescindiera de sus servicios.

"Temprano en la mañana", como pregona su lema, la radioemisora WKAQ 580 transmitió una de las entrevistas más impactantes en la radio puertorriqueña. Aproximadamente a las 10:00 a.m. del martes 25 de junio, el país se paralizó y las redes sociales se alborotaron cuando el comentarista Rubén Sánchez interrumpió una entrevista en el estudio con la contralora Yesmín Valdivieso para atender una llamada de Raulie Maldonado Nieves. Fue la primera reacción pública del joven tras hacer su denuncia del día anterior contra el Gobernador.

"Las acciones que ha hecho y la información que se le ha llevado… no hizo nada con ellas. Y yo estoy claro que es un corrupto. Y lo digo. Y si no: polígrafo", repitió una y otra vez tras la presentación inicial. El joven lanzó un reto al Gobernador: que se sometiera junto a él al detector de mentiras. "Y si me ponen de frente con él, lo digo: (Ricardo Rosselló) es un corrupto", haciendo énfasis en cada sílaba del calificativo.

"Toda esta mierda que ha pasado y todo lo que le han fabricado al viejo mío, analízalo. Fue una persona espectacular en su trabajo... Cuando incidió en las cosas de otras personas, lo quisieron joder... ¡Poco habló! Debió haber dicho más. Lo están extorsionando de Fortaleza...", denunció Raulie. Varias veces insistió que estaba dispuesto a testificar ante el FBI. Explicó que, contrario a lo que hizo entrever el Gobernador, su padre había denunciado ante Rosselló Nevares las irregularidades de las que habló con las autoridades federales.

"Todo lo que dijo el viejo mío, le fue presentado (a Rosselló). Si no me creen, polígrafo. El Gobernador sabe todo", insistió. Al mantenedor radial no le fue difícil sacarle las palabras. Pero el entrevistado daba muestras de cierta inestabilidad. Por ratos hacía una pausa entre las palabras, como buscando lo que iba a decir. A veces reía... una risa corta, pero sarcástica.

"Aquí no hay 'aparente y alegadamente'. Demándenme... Sé las consecuencias de lo que estoy diciendo ahora y sé lo que me van a fabricar después... *I know*... no me importa", manifestó en un reto desafiante. En el estudio radial, la Contralora, a la que le habían interrumpido su participación en el programa, escuchaba con cierto rubor.

Desde los más diversos lugares, los radioyentes escucharon cómo Raulie arrastraba la última sílaba de algunas palabras. Parecía errático, a tal punto que el entrevistador le preguntó si estaba bajo los efectos de medicamentos o de alguna sustancia, lo que negó.

"Beatriz Rosselló trató de hacer las cosas bien y todo lo demás... Volvemos: es que hay que hacer las cosas bien administrativamente. Que su esposo haya tratado de cambiar el reporte [de los vagones de Unidos de Puerto Rico] y lo hizo... Estaban controlando [la repartición de suministros de] los vagones... Cuando había que distribuir la ayuda, la aguantaron para aguantar la noticia. ¡Quién carajo hace eso! ¡Eso no se hace!", manifestó.

Insinuó con esto la alteración por orden del Gobernador de una auditoría sobre el manejo de furgones en Unidos por Puerto Rico encomendada a BDO.

"Estoy loco porque los federales toquen a mi puerta, porque la carpeta está aquí. ¡Que se la lleven!", decía desafiante.

El País estaba paralizado escuchando la entrevista y todos se preguntaban hasta qué punto el exsecretario de Hacienda, a quien el Departamento de Justicia había citado a deponer bajo juramento sobre sus denuncias, estaba detrás de esas declaraciones o si en algún momento iba a desautorizarlas.

Raulie no dio tregua. Pocas horas después volvió al ataque desde su página de *facebook*. Con cada nuevo mensaje, más detalles salían a la luz. Una vez más, se reafirmó en su denuncia inicial.

"Estuve en una reunión, que no había razón para yo estar. Estaba con mi viejo luego de hacer ejercicios, que era el único tiempo que compartía con él. Estaba sentado al frente de la Oficina del Gobernador. El viejo entra pero el corrupto [el Gobernador] también me invitó. En esa, que honestamente me sorprendió su brutalidad, entro. Veo al Presidente de BDO. Escuché el reporte real de cómo Unidos por PR hicieron las cosas mal...", afirmó en un texto que, aunque con faltas de ortografía, era evidentemente más coherente que el primero.

En esos días, Raulie había sentido que tocaron a la puerta de su casa. Afinó sus sentidos y se mantuvo alerta. Volvió a escuchar los golpes. Como no hablaban, no contestó al llamado. Suavizó los pasos y se asomó cautelosamente por una de las ventanas. No vio mucho más. Al pasar por el pasillo de entrada del interior de su residencia se percató de que habían deslizado una tarjeta bajo la puerta.

En su primera entrevista televisada, semanas después, Raulie atribuyó sus incoherencias al coraje sentido por el despido de su padre. Al ser cuestionado por la reportera Margarita Aponte, se reafirmó en que hay corrupción en el gobierno "hasta en las más altas esferas... el Gobernador".

"¿Tú tienes prueba de eso?", le preguntó la reportera.

"Sí", le respondió.

¿Qué pudo haber pensado el Gobernador cuando escuchó la grabación del programa radial en el que Raulie hizo su primera denuncia? ¿En qué momento le hicieron leer los mensajes en las redes? ¿A quién consultó sobre el curso a seguir? ¿Cuáles eran sus opciones?

Rosselló Nevares no tardó en reaccionar. Citó a una conferencia de prensa en la Mansión Ejecutiva para anunciar el nombramiento del nuevo Secretario de Hacienda, Francisco Parés, y el del representante en la Junta de Supervisión Fiscal y principal asesor en Desarrollo Económico, Christian Sobrino, que en adelante ocuparía además el cargo de principal oficial financiero del Gobierno y de director de la Oficina de Gerencia y Presupuesto.

Pero era inevitable que la conferencia de prensa tomara otro giro. Lucía desencajado y evidentemente molesto. Los Maldonado tenían la sartén por el mango y —literalmente— le habían secuestrado el curso de su administración de gobierno. Luego del anuncio inicial, el Gobernador utilizó el resto del tiempo para defenderse de las imputaciones hechas por el hijo del exsecretario de Hacienda, las que calificó como "calumnia".

"Esas expresiones incoherentes son totalmente falsas. Repito, esas expresiones incoherentes son totalmente falsas", dijo de entrada. Al parecer, el mandatario escuchó consejos de sus asesores y destacó la conducta errática de Raulie.

"Yo no tengo idea... Es incoherente y son falsas las imputaciones. ... Era tan absurdo... lo que planteaba... que se me hacía difícil articular... la refutación tan... contundente hacia... sus alegaciones... De lo que habla... ya yo he negado que tenga veracidad en las imputaciones que hace y en algunos casos, pues simplemente, eran incoherencias", respondió entre titubeos el mandatario mientras trataba de buscar las palabras.

Pero Rosselló Nevares admitió que se había reunido con ejecutivos de BDO Puerto Rico en la Mansión Ejecutiva. Con eso pareció confirmar que Velázquez Piñol tenía acceso privilegiado y directo al Gobernador, sin tener que pasar por el filtro del Secretario de la Gobernación. En esos días, y ante la investigación federal, BDO prescindió de sus contratos con el Gobierno y despidió a 39 empleados de su División de Consultoría Gubernamental.

El Gobernador negó que su esposa hubiese administrado fondos de Unidos por Puerto Rico o fuera responsable por algún mal manejo de fondos o donativos de la iniciativa. Por aquello de la empatía, recordó a los periodistas que ella estaba en su séptimo mes de embarazo mientras laboró con la entidad. Finalmente, Beatriz renunció a la encomienda en enero de 2018.

Tan pronto el Gobernador terminó sus declaraciones se retiró sin contestar preguntas. Sólo le bastaron esos doce minutos.

Pero cualquier otro intento no estaba de más, y más tarde ese día La Fortaleza autorizó la publicación de unas simples declaraciones de la Primera Dama:

"Me da mucha tristeza que una labor que se realizó todos los días, 24 horas, por el bien de miles de familias que se vieron afectadas tras (los huracanes) Irma y María, se vea manchada injustamente con un ataque infundado..." El Gobierno demostraba la ausencia de una verdadera estrategia de comunicación... y eso era sólo el principio.

Esa noche, el presentador Jay Fonseca tenía programada una entrevista con Raulie Maldonado en su programa Jay y sus Rayos X, por lo que anunció que el joven sería sometido a la prueba de polígrafo. Pero el mantenedor, el poligrafista José Orlando López y el público televidente se quedaron a la espera. Jay aprovechó cada pausa comercial para exhortar al joven a que se presentara, e incluso dijo que tenía el permiso del presidente de Telemundo, José Cancela, para extender el programa si fuese necesario. Raulie no se presentó.

***

A media tarde de ese día, presentó su renuncia la directora ejecutiva de la Administración de Servicios de Salud, (ASES) Ángela Ávila Marrero, ante los señalamientos sobre una investigación federal a las alegadas irregularidades y malos manejos en el proceso de contratación entre el gobierno y las aseguradoras del Plan de Salud Vital para pacientes de escasos recursos económicos. Días antes, agentes del FBI le habían hecho una visita en su casa.

Antes de implantar el plan gubernamental de salud, el Gobernador nombró un comité asesor al que perteneció el subcontratista Alberto Velázquez Piñol, que era a su vez amigo de Ávila Marrero. Posteriormente, él llevó a sus contactos la información privilegiada que allí obtuvo, lo que le ayudó a éstos a obtener contratos y subcontratar a su vez a Velázquez Piñol.

Ese esquema de saqueo de fondos públicos, venta de influencias, contrataciones y obtención de beneficios investigado por las autoridades federales se repitió en Hacienda, y fue del que se aprovechó el amigo del Gobernador, Elías Fernando Sánchez Sifonte, a pesar de que no tenía contratos directos con el Gobierno.

En el caso de Hacienda, el contratista Raulie Maldonado Nieves supuestamente se beneficiaba de los contratos firmados por su padre. El beneficio de esta relación de padre-hijo no se dio directamente, sino a través de un comité asesor nombrado en Hacienda. Al tener información privilegiada sobre las necesidades del Gobierno, algunos de los que fueron integrantes de ese comité buscaron contratos para satisfacer las necesidades señaladas. Y es así que surgen los contratos otorgados a las empresas relacionadas a Raulie, según fue denunciado por empleados que trataron de advertir la anomalía.

Sánchez Sifonte, por su parte, dirigió el Comité de Transición al inicio de la administración gubernamental de su compadre Rosselló Nevares. Ya antes había estado a cargo del brindis de su primera boda. En lo sucesivo, supo mover las fichas. Plantó personal y contratistas de confianza del círculo íntimo en las áreas de asesoría y comunicaciones de las agencias para así poder obtener información útil. Así, buscaba quién pudiera suplir esas necesidades entre sus clientes y éstos presentaban propuestas a la medida. De esa forma, acaparó para ellos los contratos más jugosos. Por esto cobró hasta un 25% de la cuantía, recibió igualas en otros casos por hasta $50 mil mensuales y consiguió exenciones, condonación de deudas y créditos contributivos para sus allegados y clientes.

El dominio de Sánchez Sifonte era tal que su presencia causaba preocupación en reuniones y oficinas, a veces con actitud de exigencia. Aunque esto se repitió en varias dependencias, fue el Secretario de Vivienda, Fernando Gil, quien denunció que Sánchez Sifonte le cuestionó en su oficina el por qué uno de sus clientes perdió una subasta.

Esa misma información privilegiada que Sánchez Sifonte obtuvo luego como representante en la Junta de Supervisión Fiscal, le fue útil cuando renunció seis meses después —a mediados del 2017— y desde la empresa privada pescó otros contratos para sus clientes. La Junta de Supervisión Fiscal había expresado su preocupación cuando se hizo su nombramiento, al señalar que Sánchez Sifonte representaba a otros clientes al tiempo que hacía negocios con el Gobierno.

***

Tras la destitución del titular de Hacienda, el Secretario de Asuntos Públicos, Anthony Maceira y el Subsecretario de la Gobernación, Erik Rolón, reaccionaron en una conferencia de prensa conjunta a los sucesos de esos días. Maceira hizo una advertencia y utilizó una expresión que sólo se escucharía en un gobierno milenial.

"Cualquier funcionario o cualquier contratista del que eventualmente se tenga información que haga pensar que se desvió, no tiene cabida en este gobierno y reitero… cualquier funcionario que se desvíe de la ley, le vamos a volar la cabeza porque no tiene cabida en este gobierno", sentenció Maceira mientras enfatizaba sus expresiones con movimientos de su mano derecha.

A su lado, y más sosegado, Rolón trató de bajar el tono de las expresiones de su compañero y pidió lealtad a los funcionarios gubernamentales.

"Estamos hablando de que (Maldonado Gautier) cometió una falta gravísima en cuanto a lealtad y esa es la razón por la cual se removió. No podemos permitir que haya en el gobierno personas que no sean leales al señor Gobernador o a la administración central", advirtió.

Ningún periodista cuestionó el vocabulario utilizado allí, pero en la calle, en programas de análisis y en redes sociales, la indignación no se hizo esperar...

En una de sus constantes comparecencias ante la Prensa en esos días, el Gobernador fue interrogado sobre la noción de lealtad que tenían sus subalternos. En esos días, el Primer Ejecutivo estuvo obligado a reaccionar una y otra vez ante las improvisadas movidas de funcionarios, los inesperados eventos que socavaban la estabilidad de su administración y la notable ausencia del Secretario de Estado y la Secretaria de Justicia, que llevaban días fuera del ojo público.

"Cuando el Subsecretario de la Gobernación, Erik Rolón, habló sobre lealtad, estaba hablando de una lealtad al pueblo de Puerto Rico. Eso es lo que queremos decir. Esto no es una lealtad a mi persona. Es una lealtad servirle al pueblo de Puerto Rico. La lealtad no es a mí... Yo soy pasajero...", expresó el mandatario en un esfuerzo por aclarar las expresiones de su subalterno.

Pero el Gobierno llevaba varios días al garete y por más que el Ejecutivo intentara sacar "los pies del plato", las peticiones de "lealtad" se negaban a morir. Ejemplo de esto fue la filtración del audio de una actividad celebrada en Dorado en enero de ese 2019, en la que el Secretario de la Gobernación, Ricardo Llerandi, pedía la cooperación de empleados y funcionarios para una venta de boletos.

"Por ahí viene la campaña de reelección del Gobernador. Viene su cumpleaños. La paciencia está agotada. Es tiempo de que vendamos las taquillas. Nosotros tenemos recursos internos y recursos externos. El primer *'fundraising'* es para recursos externos (a \$2,500) y el segundo para recursos internos (a \$150). Es una buena manera de medir la lealtad…", se le escuchaba decir. O sea, la compra de boletos se convertía en un medidor para medir la lealtad al Gobernador.

Llerandi se defendió diciendo que la petición se hizo en una actividad privada partidista no costeada con fondos públicos y fuera de horas laborales, a la que sólo asistieron colaboradores de la campaña del Gobernador.

"No había ningún jefe de agencia prohibido por ley de participar en actos políticos. Había otras personas que no eran jefes de agencia… No tengo nada que esconder. No he hecho ningún acto ilegal porque jamás en mi vida me presté para esto, pero yo soy trasparente", afirmó Llerandi, que había comenzado el cuatrienio como representante electo por el distrito de Arecibo y luego fue nombrado director de la Compañía de Importación y Exportación.

***

En tanto, la prensa y los cibernautas que estaban pendientes a cualquier asomo de otro mensaje de Raulie Maldonado Nieves en su red social no quedaron decepcionados. El viernes 28 de junio, el contratista alegó que un par de horas después de hacer sus denuncias contra el

Gobernador en un programa radial, un agente policiaco se presentó en su casa con una citación.

Con una ortografía mejor cuidada, el joven anunció que su padre acudiría ese día a una cita "con el foro investigativo en que la verdad va a salir…"

"Yo no confío en el Departamento de Justicia local… el mismo día que hablé por radio, a las dos horas, un individuo toca la puerta de mi casa… no sé quién era… no se identificó. Luego me pasan por debajo de la puerta una citación de la Policía [firmada ese mismo día] para una investigación de mi licencia de armas que tengo desde los 21 años. ¡Qué casualidad! No quiero pensar que el Gobierno está utilizando recursos del Estado para amedrentarme… ¿A eso se refieren cuando dicen que la policía va a tocar a la puerta y van a volar cabezas?", denunció.

La Policía actuó con la celeridad de un rayo, cosa rara en la Isla donde la presencia policiaca y los recursos destinados a un caso es inversamente proporcional a la gravedad del asunto que les ocupa. Y es que la activación de una investigación contra un ciudadano se vuelve un asunto sumamente delicado cuando el gobierno utiliza información personal, privilegiada y confidencial que no está en un archivo público.

El comisionado de la Policía, Henry Escalera, explicó que la citación respondió al protocolo de seguridad en casos en los que una persona proyecte inestabilidad, según dijo, y era parte de una pesquisa que catalogó de "pacífica".

"Maldonado, hijo, realizó una serie de expresiones agresivas a través de redes sociales contra el Gobernador de Puerto Rico… [e] hizo declaraciones… denotando una actitud que

61

pudiera proyectar inestabilidad...", afirmó el funcionario. Al revelar el informe con la descripción por modelo de las 16 armas que Raulie posee legalmente, la Policía no mostró cuidado de ocultar su dirección residencial.

Con la acción, el Gobierno empezó a dar palos a ciegas. Grupos y activistas en favor de los derechos civiles levantaron bandera al alegar "persecución selectiva" y Raulie pasó a ser del contratista villano a ciudadano victimizado. La discusión pública debatía si con su lenguaje ofensivo e insultos en redes sociales el contratista era una amenaza real para el Gobierno o si con el intento de la Policía de amedrentar su libertad de expresión, las autoridades buscaban minar la credibilidad de un posible testigo contra el Gobernador.

En esos días, en la calle era más fuerte la noción general de que Puerto Rico era un circo de tres pistas, lo más parecido a un espectáculo en el que la trama era mejor que cualquier telenovela o serie televisiva, aunque fuera difícil definir quiénes eran los buenos y quiénes los villanos.

***

A las 10:30 a.m. de ese jueves 28 de junio estaba pautada la comparecencia que tenía el exsecretario de Hacienda en el Departamento de Justicia, la misma a la que se había referido Raulie en su más reciente mensaje. Maldonado Gautier fue citado tres días antes para ofrecer una declaración jurada y presentar pruebas sobre su denuncia de alegada mafia institucional -de la que no se volvió a saber- en el Departamento de Hacienda. Pero todos quedaron vestidos y alborotados.

La tarde anterior, la licenciada Mayra López Mulero asumió la representación legal de Raulie. Sin embargo, no había tiempo para prepararse para una defensa adecuada, por lo que notificó vía mensajero a la fiscal Fabiola Acarón, de la División de Integridad Pública, que su cliente no asistiría a la entrevista. Como previsión, práctica de cualquier abogado experimentado, hizo el mismo planteamiento mediante correo electrónico. La solicitud le fue negada minutos después, pero López Mulero se reiteró.

La Secretaria de Justicia, Wanda Vázquez, y algunos subalternos supieron que Maldonado Gautier no asistiría, pero por alguna razón no se le avisó a tiempo a la Prensa reunida allí. En su lugar, se emitió un comunicado para anunciar que se haría una citación oficial a Maldonado Gautier bajo apercibimiento de desacato. Hasta ese momento, Maldonado Gautier tenía la prerrogativa de ausentarse, y ya había adelantado que no confiaba en el Departamento de Justicia, al que llegó a calificar mucho después como "el brazo fascista del Gobierno".

En un intento por desenmascarar a Vázquez Garced, López Mulero le salió al paso. "Sí, les notifiqué ayer y si la Secretaria dice que se enteró hoy, pues evidentemente está mintiendo al País. Sus fiscales se enteraron a las 4:57 de la tarde por escrito y por mensajero", le recordó, dejando sus "cartas" sobre la mesa.

La rencilla entre la abogada y la Secretaria de Justicia era pública. López Mulero afirmó que Vázquez Garced no podía refutar sus acciones y era "una persona de poco fiar". En la carta enviada a la fiscal Acarón, la abogada expresó su disgusto por no habérsele dado tiempo para prepararse, y reafirmó su desconfianza en la pureza de la pesquisa. "Esa investigación carece de objetividad… Él prefiere canalizar todos estos temas a través del FBI…"

"Tenemos al Estado completo en contra nuestra", manifestó Maldonado Gautier en sus primeras declaraciones públicas tras su salida forzosa del Gobierno, en las que alertó además que temía por su seguridad.

La citación era en el Negociado de Licencias de Armas de Fuego y allí sólo entró Raulie con su abogada. Una vez efectuados los saludos formales, el agente Edgardo Díaz repasó el propósito de la citación. De entrada, la licenciada López Mulero le solicitó el documento de prueba médica que evidenciara la estabilidad emocional o condición mental de Raulie. Esto desconcertó al agente investigador que intentó continuar con el hilo de la conversación.

López Mulero insistió. La respuesta fue negativa. Entonces, la abogada le interrumpió: "Quisiera saber qué funcionario autorizó o bajo qué premisa se violó la confidencialidad de la información sobre las armas que posee mi cliente...", inquirió al agente policiaco. "¿Este trámite es activado sólo con la exclusiva discreción del comisionado Henry Escalera?", insistió la abogada.

"Pues aquí acabó la conversación. No tengo nada que hablar con ustedes", dijo, para dar por terminada la reunión. El encuentro duró menos de 15 minutos. López Mulero alegó públicamente que la citación era arbitraria y por tanto una persecución caprichosa.

El comisionado de la Policía, Henry Escalera, negó que fuera una "cacería de brujas" como López Mulero dejó entrever. También rechazó haber autorizado divulgar la información sobre la cantidad de armas en poder de Raulie. El funcionario ordenó una pesquisa sobre el asunto y un par de días después dio por terminado el proceso administrativo contra Maldonado Nieves.

Esa tarde los señalamientos de persecución también fueron rechazados por el Gobernador. "Mi gobierno no persigue a nadie. De hecho, le tengo un respeto al trabajo que hizo el licenciado Raúl Maldonado en nuestra administración. Las acciones que se tomaron eran en el mejor interés del pueblo de Puerto Rico y eso no implica ninguna acción contra el señor Maldonado. Él sabe muy bien que nuestro gobierno es uno de apertura…"

**

En esos días, no hubo actividad oficial del 4 de julio con la pompa acostumbrada. El Gobernador compareció a dos actividades en Arecibo y delegó en el Secretario de Estado, Luis G. Rivera Marín, la asistencia a un sobrio acto en La Casa del Veterano, en Juana Díaz. De ahí partió de vacaciones a Francia junto a su familia. En la ciudad de Lyon asistió a la final de la Copa Mundial Femenina de Futbol, por invitación de la presidencia de la Federación Internacional de Asociaciones de Fútbol (FIFA). Luego tomó un crucero para unas vacaciones familiares por el Mar Mediterráneo.

No pudo haber sido en peor momento. Había investigaciones en varias de sus agencias, pendía en el aire una demanda de la Junta de Supervisión Fiscal por la aprobación del presupuesto, se escuchaba el eco de la advertencia sobre próximos arrestos, los escándalos no daban tregua y no se sabía quién dirigía el gobierno.

Pero el mandatario lo pasó por alto. Al partir, no imaginaba que sus días en la gobernación estaban contados.

Carlos Rubén Rosario

LA TORMENTA PERFECTA: EL CHAT Y LOS ARRESTOS

El 9 de julio, mientras el Gobernador estaba de viaje, el representante popular, Carlos Bianchi Angleró, reveló lo que parecía ser extractos de un chat que comprometía al Gobernador y a su equipo. En los días siguientes fueron filtradas otras partes, como si fuera una novela por entrega.

El presidente del PPD, Aníbal José Torres, vaticinó: "¡No aprendieron con el escándalo de WhatsApp! Lo que salió hoy y lo que viene es devastador. Le quitará la máscara a muchos".

El chat fue creado por el propio Gobernador el 7 de diciembre de 2018. Ese día Rosselló Nevares reinstaló en su puesto a la Secretaria de Justicia, Wanda Vázquez Garced, al no encontrársele causa para arresto por violación a la Ley de Ética Gubernamental. A ella se le había acusado de usar la influencia de su cargo para interferir indebidamente en un caso contra el imputado de escalar y robar en la residencia de una de sus hijas.

Ese primer extracto revelado del chat dejó al descubierto una mofa del Gobernador y parte de su equipo de asesores relacionada a la tirantez entre la Secretaria de Justicia y el Presidente del Senado. En esa ocasión, el Gobernador escribió: "Propuesta: Que Luis G. (Rivera Marín, Secretario de Estado) y yo nos cojamos unos "Días de Vacaciones' para ver qué hace la gobernadora interina esos días".

"… en gestiones oficiales. Fuera de Macondo", responde el asesor en Comunicaciones, Carlos Bermúdez. Casualmente, cinco días después de escritas esas líneas, el Gobernador y su Secretario de Estado partieron en un viaje a la capital federal, quedando Vázquez Garced como gobernadora interina.

El comentario se tomó como una afrenta contra el presidente del Senado, Thomas Rivera Schatz, quien impulsó el caso contra Vázquez Garced. Con la exoneración de la Secretaria de

Justicia, el líder senatorial perdió su batalla política. Las relaciones entre éstos no eran las mejores desde que Vázquez Garced refirió a las autoridades federales su investigación sobre empleados fantasmas en el Senado de Puerto Rico.

Por ese caso fueron convictos varios ayudantes de Rivera Schatz: el director ejecutivo de la Oficina de Asuntos Gubernamentales del Senado, Ángel Figueroa Cruz y los exasesores legislativos, Isoel Sánchez Santiago y Chrystal Robles, imputados de montar un esquema de facturación por servicios no prestados.

Días después, el líder senatorial exigió la renuncia de los integrantes del chat, incluyendo al Gobernador. "Todos se tienen que ir. Quien así se expresa no representa a mi partido ni a nuestra gente. Lo censuramos. Aquí está el 'Buenos días' que tanto esperaban algunos integrantes de ese chat, que lo pueden usar de 'Buenas tardes' y hasta de 'adiós'. Se tienen que ir".

Las autoridades federales habían dejado entrever que tenían conocimiento del documento. Más aún, dos semanas antes de hacerse pública la filtración, el comentarista Luis Herrero Acevedo y el periodista Jonathan Lebrón, advirtieron en su podcast Puestos Pa'l Problema de la existencia de un chat "que pudiera meter en problemas al Gobernador".

No era la primera vez que el Gobierno era sacudido por el contenido de un chat. El 6 de febrero de 2018 el presidente del PPD, Aníbal José Torres, hizo pública una conversación en WhatsApp en que participó el entonces presidente de la Comisión Estatal de Elecciones, Rafael Ramos Sáenz; el exsecretario de la Gobernación, William Villafañe y la subsecretaria Ixia García. En el diálogo textual se discutía un caso político que estaba ante la consideración del Juez. Esto le costó la renuncia a Ramos Sáenz, a quien se le imputaron violaciones éticas y recibió una pena de seis años bajo sentencia suspendida. El escándalo provocó también las salidas de Villafañe y de García, y terminó con la "luna de miel" entre el Gobernador y el Presidente del Senado.

El nuevo chat denunciado fue creado en una aplicación llamada Telegram, un servicio de mensajería interna utilizado en comunicaciones gubernamentales y que a diferencia de WhatsApp garantiza la privacidad, pues sus mensajes son encriptados, y autodestruye su contenido sin almacenar datos en los servidores. Esto hace difícil trazar la pista y detalles de las comunicaciones internas. El sistema tiene fama de no revelar información, pues la segmenta entre servidores de todo el mundo e intentar restaurarla, sería como juntar un plato después que se rompe y se hace añicos.

Rosselló Nevares incluyó en la comunicación a algunos de sus asesores cercanos. A sus *"brothers"*, como les decía. No todos en ese círculo íntimo eran funcionarios responsables directa o indirectamente de las decisiones del Gobierno. Algunos eran cabilderos o consultores privados, que al representar otros clientes tenían conflictos de interés o se beneficiaban de la información que allí se compartía.

Además del Primer Ejecutivo, que se identificaba como "R2", y secretarios de su Gabinete como Maldonado Gautier, Rivera Marín, Llerandi y Maceira, otras siete personas compartieron en el chat.

Entre éstos estuvo el asesor en Comunicaciones, Carlos Bermúdez, un reconocido relacionista público y principal representante de la empresa Ojo Creativo, encargada de coordinación de eventos como el San Juan Moda. A él le respondían los consultores contratados por los oficiales de comunicación de cada agencia. Siempre fueron reconocidos su capacidad de codearse con periodistas y el prestigio de su clientela. Sus contratos con la administración de Rosselló ascendieron a más de medio millón de dólares, casi un tercio de los $1.3 millones que de acuerdo con la Oficina del Contralor facturó bajo la administración de Luis Fortuño. Sin embargo, según trascendió en esos días, no contaba con licencia profesional para realizar sus funciones de relaciones públicas.

Otro participante muy activo lo fue el cabildero Elías Fernando Sánchez Sifonte, (que se firmaba como "Fdo.") y quien además de sus credenciales conocidas, se decía que por su intimidad con Rosselló Nevares era el gobernador de facto. Era socio de la firma de cabilderos World Professional Group y principal donante en la Isla para el presidente Trump, a quien aportó $11,200 para su campaña presidencial.

Además del Secretario de la Gobernación, Ricardo Llerandi, se sumaron a la lista el publicista Edwin Miranda, fundador y presidente de la compañía de mercadeo KOI IXS; el exsecretario de Asuntos Públicos, Ramón Rosario; el exsecretario de Prensa de La Fortaleza bajo la administración de Pedro Rosselló, Rafael Cerame y el director de la Autoridad de Asesoría Financiera y Agencia Fiscal (Aafaf), Christian Sobrino, quien era además principal oficial financiero y representaba al Gobernador en la Junta de Supervisión Fiscal.

Queda por mencionar al exasesor legal y amigo personal del Gobernador, Alfonso Orona, que para la fecha en que se denunció el chat ya había renunciado tras provocar un accidente de tránsito en el que impactó dos automóviles al salir de una actividad. Tenía un índice de alcohol de .18%.

Los más activos en el chat actuaban como si creyeran que estaban fuera del ojo público. Entre ellos, Rosselló Nevares era uno más. Con su participación, desmereció la figura del Gobernador. No mantuvo la distancia y categoría que debe observar quien ostenta el cargo de primera figura de un país. Dejó al descubierto su falta de carácter al no imponer autoridad y nunca desalentar las imprudencias de sus amigos. Es más, disfrutaba estar a la cabeza y preparar escenarios. Y con él, como su líder, éstos se creían impunes.

Ante la ausencia de mandatario, fue el Secretario de la Gobernación, Ricardo Llerandi, quien dio cara al país el martes 9 de julio al comunicar la escueta declaración oficial con que La Fortaleza intentó despachar el asunto. En una declaración escrita, se calificó el documento filtrado como "una comunicación no oficial, en un chat privado".

"Vandalismo es que nos tiremos nosotros mismos
Por defender a los que nos llevaron al abismo.
Vandalismo es que siempre voten por los mismos
Y se roben to's los chavos de educación.
Mientras cierran escuelas y los niños no tienen salón".

René Pérez, Afilando los cuchillos

"Los extractos de los mensajes, al carecer de los elementos que complementan una conversación en persona ... pudiera interpretarse de diferentes maneras... No vamos a distraernos con este tema, por lo que no haremos expresiones adicionales en el futuro", leía el comunicado.

La declaración era una aceptación de la autenticidad del documento, pues hasta ese momento eran unas páginas sueltas, y por su contenido se dudaba que el Gobernador y sus colaboradores estuvieran involucrados.

***

Desde principios de julio fue notable la movilización de agentes federales a la Isla. El día 10, la fiscalía federal anunció el arresto en Washington D.C. de la exdirectora de Educación, Julia Keleher, que al momento de su detención, vestía ropa de ejercicios.

Al mismo tiempo, en la Isla fueron arrestados la directora de la Administración de Servicios de Salud (ASES), Ángela Ávila Marrero, quien tres semanas antes había presentado su renuncia; el CPA Fernando Scherrer Caillet, presidente de BDO Puerto Rico, y las hermanas Glenda y Myrna Ponce, exasistente de Keleher y contratista del Departamento de Educación, respectivamente. El arresto del exconsultor de BDO y propietario de la compañía Azur LLC, Alberto Velázquez Piñol, se llevó a cabo en un exclusivo sector de Connecticut. "Tantas veces, que da vergüenza", sentenció la entonces jefa de la fiscalía federal, Rosa Emilia Rodríguez, al anunciar los arrestos. La noticia fue publicada en los principales medios de Estados Unidos.

Las agencias que estuvieron a cargo de las principales arrestadas —Educación (con $2.4 billones) y Salud (con $3 billones)— acaparaban el 27% del presupuesto consolidado del País.

A los arrestados les imputaron cargos por fraude y lavado de dinero y por el desvío de más de $15 millones pertenecientes a los departamentos de Educación y Salud, que debieron ser destinados a poblaciones vulnerables como estudiantes, envejecientes y personas enfermas.

Tras ser nombrada a la dirección de ASES el 1ro. de febrero de 2017, Ávila Marrero canceló $5 millones en contratos a las compañías Versa y JEL Consulting, y los otorgó a BDO, administrada por el acusado Fernando Scherrer Caillet y representada por su amigo Velázquez Piñol.

Con información privilegiada, Keleher y Ávila Marrero facilitaron la obtención de contratos a Velázquez Piñol. Aunque se mantenía como una figura incógnita y no se le veía en actividades públicas político-partidistas, el subcontratista empezó a asistir a reuniones de ASES y del Departamento de Salud y para esto se identificaba como asesor de Asuntos Federales. Velázquez Piñol no aparecía registrado en los contratos del Gobierno de Puerto Rico ni cobraba de éste, pero era conocido que se le había dado un poder sin precedentes para llegar a agencias gubernamentales y a la propia Fortaleza, según se mostró en una foto tomada en una reunión en la que se dirige a funcionarios del gabinete y miembros del equipo del Gobernador en el Salón del Trono de la Mansión Ejecutiva.

Aparte de la facturación habitual, el subcontratista cobraba una iguala de 10% de cada contrato del gobierno que conseguía para BDO, del cual era el principal enlace. La firma, beneficiada con el esquema, compensó a Velázquez Piñol con $959,059 pagados con fondos federales, en violación a una cláusula que así lo prohíbe.

Velázquez Piñol se declaró no culpable de los cargos en el Tribunal Federal del Distrito de Puerto Rico, al día siguiente de presentarse ante la Corte de Connecticut. El magistrado federal Bruce McGiverin lo dejó en libertad tras prestar una fianza de $100,000 y de retener su pasaporte.

El caso de Keleher era más complicado. Unos meses antes, en septiembre de 2018, un gran jurado solicitó acceso a sus cuentas personales en el Banco Popular de Puerto Rico. Tras varias semanas de vigilancia a su casa, en diciembre se arrestó a Iovaska Claudio, una mujer que le realizaba labores domésticas. La mujer se declaró culpable por no informar en solicitudes de ayuda de programas federales sobre los pagos que le hacía Keleher. Por esto cumplió una condena de 18 meses en probatoria. El arresto de la empleada avivó los rumores de que las autoridades federales le cerraban el cerco a la entonces Secretaria de Educación.

Keleher renunció el 1ro. de abril, el mismo día en que la administración de Gobierno perdió también a su Secretario de Seguridad Pública, Héctor Pesquera. Ambos eran los secretarios más controversiales de la administración Rosselló, y sus salarios de $250 mil y $248 mil, respectivamente, superaban al de algunos de los más prominentes jefes de Estado.

Sin embargo, al comunicar la renuncia de la Secretaria de Educación, el Gobernador no sólo la colmó de elogios, sino que la mantuvo como asesora por el mismo salario anual de $250 mil que recibía. Días después, Rosselló Nevares desistió de ello cuando se supo que Keleher era objeto de investigación.

La extitular enfrentó siete cargos criminales por conspiración, fraude electrónico y conspiración para robo, al buscar beneficiar a la empresa Colón y Ponce que pertenecía a la acusada Mayra Ponce. Con esto, puso en entredicho el cumplimiento del Departamento de Educación en requisitos de contratación y subastas, al desobedecer los procesos de licitación federal y utilizar privilegios de su cargo para contratar entidades que no necesariamente estaban cualificadas para ello. Al inicio del proceso judicial del caso en mayo del 2020, las hermanas Colón Ponce se declararon culpables por los hechos, con miras a obtener una sentencia menor.

El contrato otorgado por Keleher era de $43,500, pero luego se enmendó por el doble de la cantidad con el agravante de que sería pagado con fondos federales. No conformes con esto, más tarde se intentó infructuosamente aumentarlo a la exorbitante suma de $450 mil.

La juez Deborah Robinson del Tribunal Federal de Washington D.C. aprobó la solicitud de la fiscalía para celebrar la vista contra Keleher a puerta cerrada. Ante esto, se ordenó a los presentes desalojar la sala y los alguaciles taparon con papel las ventanillas de cristal de las puertas que dan al pasillo.

La acusada tuvo a su lado una abogada de oficio, pues ante la premura de los hechos su defensora, la exfiscal federal María Domínguez, no pudo estar presente.

La exsecretaria de Educación quedó en libertad con el compromiso de comparecer a otra vista en la Corte Federal del distrito de Puerto Rico. Una semana después, Keleher fue recibida en el Aeropuerto Internacional Luis Muñoz Marín con una manifestación en repudio a su política de eliminación de planteles escolares y de la implantación de escuelas "charter". Keleher no vio la demostración pues fue sacada de la pista por otros accesos.

Sin embargo, al llegar minutos después al Tribunal Federal se encontró con otro acto de protesta convocado por la Asociación de Maestros. Desde la avenida se escuchaban reclamos como "Julia Keleher yo te busco pa' comprarte el mameluco" y "Julia Keleher debe estar en la cárcel federal". Una guagua Ford negra que supuestamente transportaba a la exsecretaria de Educación se detuvo cerca de la entrada al edificio federal. Al ser rodeada por los manifestantes y miembros de la prensa, el conductor continuó su marcha y dio media vuelta para finalmente estacionarse en una esquina.

La carnada funcionó. En otro vehículo, una Durango roja, Keleher fue llevada hasta una entrada alterna del Edificio Federal, burlando así al "comité de recepción". En la vista,

Keleher se declaró "no culpable" y se le impuso una fianza de $30 mil, muy por debajo de los $200 mil que pidió la fiscal Marie Christine Amy. Además, se le retuvo el pasaporte y se restringió su libertad de viaje al territorio de Puerto Rico, Washington DC, Maryland, Virginia y Pensilvania.

Las movidas de Keleher también fueron seguidas de cerca por la Oficina de Ética Gubernamental, aunque por señalamientos que no tenían relación con las acusaciones federales. En sus dos años de mandato, mantuvo en terceras manos su negocio de consultoría gubernamental en educación Keleher y Asociados.

Antes de ser nominada como Secretaria de Educación en diciembre de 2016, Keleher fue consultora del gobierno de Puerto Rico ante el Departamento de Educación federal. A pesar de nunca haber vivido antes en la Isla, era la principal oficial de Transformación e Innovación de Educación del Gobierno de Puerto Rico.

A mediados del 2017 compartió sus funciones de Secretaria de Educación con su cargo de Oficial de Gerencia del proyecto para transformar el Departamento. Las esperanzas de la nueva administración de gobierno estaban puestas en una transformación abarcadora del sistema de educación.

A tono con el Plan Fiscal del gobierno y ante la falta de recursos y la merma de estudiantes, a Keleher se le atribuye el cierre de más de 400 planteles escolares, la creación de escuelas "charter" y la implantación de vales educativos. Tan sólo en el 2018, el Departamento de Educación tuvo una merma de 5,000 estudiantes.

Su arresto hizo recordar a Víctor Fajardo, el exsecretario de Educación de la administración de Pedro Rosselló que desfalcó a la agencia con un robo de $4.3 millones que desvió para lucro personal y para las arcas del PNP. Tras cumplir parte de una condena de 25 años de cárcel, debe pagar $2.1 millones, a razón de $2,500 mensuales.

Año y medio después, el 15 de enero de 2020, Keleher fue arrestada por segunda ocasión, esta vez en Filadelfia. La razón: por supuestamente, siendo Secretaria de Educación, autorizar la cesión de una porción del solar de la escuela Padre Rufo en Santurce para el ensanche de una calle aledaña de acceso al proyecto de vivienda Ciudadela. A cambio de eso, a ella se le otorgaría el beneficio de comprar un apartamento con valor de $297,500 en el proyecto. Para esto, pagaría una renta mensual de un dólar durante seis meses en lugar de los $1,500 que correspondía, y recibiría además un incentivo de compra de $12 mil, mayor que el usual de $5 mil ofrecido a otros clientes. Todo esto lo pactó sin informarlo a la Oficina de Ética Gubernamental. Junto a ella fue arrestado el desarrollador Ariel Gutiérrez, quien supuestamente logró el acuerdo de alquiler con opción a compra. Keleher vivió en el apartamento hasta diciembre de 2018, justo cuando fue arrestada su asistente personal.

Con los recientes arrestos y la aparición en la misma semana de los primeros extractos del chat mientras el Gobernador se encontraba de vacaciones, varias voces adelantaban el colapso de la administración Rosselló. Esto, sumado a los ataques y denuncias del contratista Raulie Maldonado en sus redes sociales, habían creado las condiciones de lo que se conoce como "la tormenta perfecta", una rara combinación de circunstancias que dan las condiciones para agravar drásticamente una situación o un evento venidero.

El Gobierno parecía una gallina sin cabeza que chocaba con todo a su paso. Por otra parte, daba ira tener que aceptar que al presidente Donald Trump no le faltó cierta razón al tildar de corrupto al liderato político del País.

Como botón de la muestra, el periodista y escritor Antonio Quiñones Calderón cita en su libro "Corrupción e Impunidad en Puerto Rico" que desde los años 1900 hasta el 2000, cerca de 2,750 funcionarios públicos fueron convictos por corrupción. El también historiador desglosa entre éstos a 89 alcaldes, 55 legisladores, 23 jefes de agencia y 25 subjefes de éstas.

***

Ese día, 10 de julio, inmediatamente después de los arrestos, medio centenar de personas expresó su indignación con una pequeña manifestación frente a la Mansión Ejecutiva. Nadie sospechaba —ni ellos, ni quienes de lejos lo contemplaban— que en dos semanas la cantidad aumentaría hasta congregar una manifestación sin precedentes en la historia del País. Ese fue el inicio del primer movimiento de resistencia civil pacífica en Puerto Rico que derrocaría a un gobierno. Y esta vez no eran los mismos "pelús" universitarios, los comunistas o agitadores sindicalistas de siempre… Pronto esa excusa se acabaría.

El pueblo tenía mucho que sacarse de encima: la bancarrota, la imposición de una Junta de Supervisión Fiscal, la posterior exclusión de la Isla de la ley de quiebra federal, el trauma del impacto del huracán María y la estela de destrucción y muerte a su paso, el mal manejo gubernamental en la recuperación tras el desastre, y encima de eso, los actos de corrupción de quienes engrosaban sus bolsillos con la miseria humana.

Y como si todo eso fuera poco, la burla al dolor y al sufrimiento por parte del gobernante y de su círculo íntimo, que comenzaba a descubrirse. No había vuelta atrás. Los puertorriqueños ya no serían los mismos.

Es posible que desde que en 1983 se televisaron las vistas públicas que llevaron a la confesión de los asesinatos de dos jóvenes independentistas a manos de la Policía en el Cerro Maravilla, el pueblo no estaba tan pendiente de los asuntos del Gobierno. Al salir a la calle, parecía que el puertorriqueño empezaba por fin a sacarse toda esa impotencia y coraje que tenía atragantados y que por siglos le oprimían el pecho.

Ese 10 de julio, el tuitero @Sauropr, un profesional de las ciencias de computación, fue el primero en usar la etiqueta #RickyRenuncia como parte de la jornada de protestas. El clamor de renuncia ya se había utilizado tras el paso del huracán María.

En las semanas siguientes, la etiqueta #RickyRenuncia y sus variantes cumplieron su propósito en todos los lugares en que hubo actos de protesta. Mientras por otros medios las convocatorias caen en oídos sordos, la tecnología y la etiqueta utilizada en todas las plataformas sociales fue determinante para el llamado a manifestaciones en calles y plazas… a veces en cuestión de minutos.

Las redes sociales utilizan el símbolo # para marcar etiquetas y resaltar tendencias populares. Al cumplirse en esos días doce años del debut de ese método de búsqueda, ejecutivos de la compañía *Twitter* anunciaron que el #RickyRenuncia era hasta ese momento "el más relevante y trascendental" en la historia de las redes sociales con un total de 1.30 millones de alusiones, e incluso, el que más rápido logró una acción contundente.

Poco a poco el #RickyRenuncia fue desplazando al #Rickyleaks, que se popularizó a raíz de filtrarse los primeros segmentos del chat. La nueva etiqueta se convirtió en tendencia mundial el 15 de julio, pero no fue hasta el 16, un día antes de la marcha desde el Capitolio al Viejo San Juan, que alcanzó el clímax de alusiones.

Para contrarrestar el efecto del arrollador llamado, funcionarios y simpatizantes del gobierno impulsaron en cuentas encargadas el #RickySeQueda.

**

El 11 de julio fue un día largo para el Gobernador que, desde el día anterior ante los arrestos de Julia Keleher y Angela Ávila Marrero, estaba siendo presionado para que suspendiera sus vacaciones familiares que llevaba dos años sin disfrutar.

Ese día hubo una segunda filtración del chat, esta vez de 26 páginas y también con fecha de diciembre de 2018. En parte del texto, el Gobernador reacciona a una noticia sobre recortes de la Junta de Supervisión Fiscal.

"Mis expresiones autorizadas… *Dear Oversight Board… Go Fuck Yourself… sincerely* R2', escribió el Gobernador que se identificaba como "R2".

En otra parte y ante una pregunta de Christian Sobrino al exsecretario de Asuntos Públicos, Ramón Rosario, éste le responde: "Te faltó hablar de tu gatita [Natalie] Jaresko", refiriéndose a la Directora Ejecutiva de la Junta de Supervisión Fiscal. Rosario recibió un "¡Fo!" por respuesta de parte de

Christian Sobrino. El Gobernador obvió el comentario o lo permitió con su silencio.

Pero la parte más fuerte de esa filtración es el insulto despectivo del Gobernador a la exconcejal municipal de Nueva York, Melissa Mark-Viverito. "Nuestra gente debe salir a defender a Tom y caerle encima a esta puta", fueron las palabras textuales de Rosselló Nevares al publicista Edwin Miranda, en respuesta a las críticas de Mark-Viverito al presidente del Partido Demócrata Nacional, Tom Pérez, un defensor de la estadidad para Puerto Rico. Con esa aseveración, el Gobernador se acababa de "martillar las pelotas", como bien alude en otra parte del chat.

Foto / Gerardo Enrique Curet

La exconcejal denunció el ataque del Gobernador: "Cuando un hombre menosprecia a una mujer con palabras como 'puta' para despreciarla, deshumanizarla y degradarla… no debería goblernar a Puerto Rico." No fue la única vez que el mandatario usó en el chat ese término contra una mujer. Con el calificativo de "la puta esa", Rosselló Nevares se refirió también a la candidata a la gobernación, Alexandra Lúgaro.

"Según este compadre,
mi mai junto con todas las mujeres
Son igual de putas que su madre".

René Pérez, Afilando los cuchillos

En una audaz movida de pulseo contra el Primer Ejecutivo, los presidentes legislativos convocaron a una reunión con carácter de urgencia de la cual surgió una petición para que el Gobernador rindiera cuentas y señalara responsabilidad por los recientes arrestos. Habían empezado a circular las peticiones de renuncia o residenciamiento, pero Rivera Schatz negó que en la reunión se hubiese tocado el tema.

La situación hizo que la comisionada residente Jennifer González abordara un vuelo a Puerto Rico. Los días de la luna de miel y el trabajo en equipo con el Gobernador habían quedado atrás.

Aunque el mandatario fue enfático en que no regresaría antes de tiempo, pudo más la presión. Finalmente, Rosselló Nevares abandonó su plan vacacional y dejó a su esposa y sus hijos en el viaje del crucero.

La columnista Mayra Montero ilustró el clima imperante en la Isla en esos días:

"El problema es que ahora la situación es crítica y
nadie pensaría que un gobernador podría dormir
tranquilo, lejos de casa, sabiendo que, si hubiese un

ejército, que menos mal que no lo hay, la asonada militar se oiría en la China".

"El Gobernador tiene que dar gracias a Dios de que aquí no hay tanques.... Porque lo menos que hubiera pasado, tan pronto se ausenta, es que el coronel de turno tomara las riendas de poder y le prohibiera regresar... Aquí no hay coronel de turno. Luis Rivera Marín es lo más cercano que tenemos a eso, y no creo que esté preparando ningún tipo de derrocamiento..."

***

El viaje de regreso de Rosselló Nevares fue uno accidentado ante los arreglos de última hora que hubo que hacer. Finalmente, el Gobernador pudo alcanzar un vuelo en escala a Madrid para de ahí llegar a Puerto Rico.

En el avión, varios pasajeros reconocieron al mandatario. Hubo quien le solicitó retratarse con él durante el abordaje. Las informaciones en redes sociales de lo que acontecía en la Isla viajaban más rápido que cualquier avión ultrasónico y algunos pasajeros conocían más de lo que le venía encima al Gobernador que el mismo Rosselló Nevares, quien aceptó de buena gana las peticiones de "selfie".

El humor del puertorriqueño no tiene límites y se exacerba en las circunstancias más insospechadas. Minutos después se hizo viral en redes sociales una variante de la aplicación que en cada Nochebuena muestra un mapa mundial con la línea de ruta de Santa Claus.

Pero en esta ocasión, la aplicación indicaba la localización y el avance del avión que traía de regreso al Gobernador, con la particularidad de que se escuchaba de fondo el sonido de ambientación de la cabina de vuelo.

Al llegar a San Juan a las 6:00 p.m. en el vuelo 6301 de Iberia, Rosselló Nevares se encontró con un pueblo y un escenario muy distinto al que había dejado una semana antes. En las afueras del terminal aéreo, el mandatario fue recibido por una manifestación de protesta para exigir su renuncia entre gritos de "machista" y "corrupto". Nunca la vio, porque fue desviado por otras salidas.

"Ricky, vamos por ti", "Macharrán, renuncia", "La corrupción es violencia", leían algunos carteles desplegados. El pueblo empezaba a concienciarse de su fuerza para motivar cambios convocando a una movilización dondequiera que estuviese el Primer Ejecutivo.

Carlos Rubén Rosario

EL PERDÓN

A su llegada a la Mansión Ejecutiva minutos después, Rosselló Nevares debió enfrentar a los líderes legislativos que lo esperaban allí y con quienes se reunió brevemente. Esto retrasó una conferencia de prensa que se vio obligado a convocar tan pronto arribara y que fue transmitida por radio, televisión y redes sociales. No pensó en el error político o estratégico: el Gobernador hizo caso omiso al consejo de esperar a dirigirse al País temprano al otro día ante su evidente cansancio.

Los líderes legislativos le leyeron la cartilla. Su nominación peligraba y empezaba a perder el apoyo de legisladores y alcaldes de su propio partido. La breve reunión retrasó la hora pautada para la convocatoria de la conferencia.

Afuera de La Fortaleza, centenares de personas protestaban en repudio a las expresiones en el chat. Antes, otros gobernadores habían recibido reclamos de renuncia: los tuvo Carlos Romero Barceló durante las imputaciones de ser autor intelectual de los asesinatos en el Cerro Maravilla; los tuvo Aníbal Acevedo Vilá en el proceso judicial que enfrentó por fraude financiero. Pero ninguno tuvo a su propia gente en contra.

Para Rosselló Nevares, ése sería hasta entonces el momento más duro de su administración. Pronto el récord sería superado. Poco después de las 8:45 p.m., el Ejecutivo se dirigió al país. Los canales de televisión y las emisoras de radio interrumpieron su programación regular para dar paso al Mensaje. Así de urgente se había vuelto la situación. El pueblo esperaba un "hola y adiós", como predica una canción del compositor español Joaquín Sabina, pero no fue así.

El Salón de los Espejos se hizo pequeño e incómodo. En la parte posterior fueron acomodados los periodistas y reporteros gráficos. Los escasos jefes de agencia y de corporaciones públicas que se presentaron ocuparon las primeras sillas de espaldas a la Prensa. Fue notable la ausencia de los alcaldes y de los presidentes legislativos, que se retiraron tras la reunión inicial. Salvo el Primer Ejecutivo, tampoco estuvo allí alguno de los implicados en el chat.

El Gobernador se presentó en chaqueta, sin corbata. Se le veía cansado, como estaría quien viene de un viaje desde el otro lado del mundo, obligado a interrumpir sus vacaciones y sin apenas darse cuenta aún de lo que todos sabían: que el mundo se le había caído a sus pies. Se había dejado una barba que le hacía parecer mucho mayor y le daba una apariencia desaliñada.

"Quiero comenzar pidiendo perdón por las expresiones que he redactado en un chat privado. Soy el Gobernador de Puerto Rico... soy un ser humano que cometo fallas", dijo al iniciar sin mucho rodeo la nefasta conferencia de prensa. Estaba visiblemente nervioso y fue pausado en el tono, tratando de cuidar las palabras.

No tenía otra salida que pedir ese perdón... Sin embargo, fue un perdón dicho al aire, no porque no lo sintiera, sino porque lo pillaron. El Gobernador no se dirigió a los aludidos por las ofensas suyas y de sus *"brothers"* ni hizo mención de disculparse directamente con cada uno de los ofendidos. Dejó la impresión de que no hubo sinceridad en sus expresiones. Lo demás fueron promesas de que eso no volvería a pasar y que en adelante se comportaría a la altura del cargo.

Su discurso duró menos de 10 minutos y por su comunicación gestual es posible que se hubiese apartado del mensaje escrito. Había perdido la confianza y el respeto, no sólo entre sus pares y seguidores, sino ante la oposición política y los bonistas. Y con esto, el pueblo también le retiró la confianza al gobierno.

La ocasión exigía mantener el temple, y hay que reconocer que lo hizo, aunque se le notaba avergonzado. De momento, lo que importaba no era minimizar el daño que ya estaba hecho, sino tratar de limpiar la imagen.

"No, no voy a renunciar", dijo tajantemente para iniciar un intercambio de preguntas y respuestas lleno de muletillas.

Rosselló Nevares admitió la veracidad del chat. De paso, excusó las crueles burlas de su parte y de algunos de sus cercanos colaboradores.

"Ese chat lo utilizaba para liberar tensiones, entre otras cosas, de días de 18 horas a veces sin vacaciones y recibiendo lo que entendía eran ataques infundados…" Intentó justificar que lo hizo en un escenario de confianza. "Sí. Digo malas palabras, envío memes, no me siento orgulloso de eso…", dijo como una confesión, para luego añadir que era "un libro abierto" [… pero redactado a oscuras y a escondidas].

"Tú no eres hijo del cañaveral, escoria.
Tú eres hijo del cabrón más corrupto de la historia.
Disculpen mis expresiones,
Pero al igual que Ricky, estoy liberando las tensiones".

René Pérez, Afilando los cuchillos

Pero el Gobernador también repartió culpas sin disimular su molestia: "En este proceso se ha violentado mi intimidad por una persona a la que se le había dado la confianza". No mencionó nombres, pero meses después el exsecretario de Hacienda, Raúl Maldonado Nieves, reveló en una entrevista con la editora del periódico Metro, Aiola Virella, que fue él quien reveló el chat. Olvidaba el mandatario que cuando se es figura pública hay una línea fina que demarca la privacidad cuando no está reñida con el fin público. Hay que seguir la máxima que predica: "No basta con aparentar... Hay que serlo".

La molestia de Rosselló Nevares ante lo que llamó "violación a su intimidad" llevó al director de la ACLU, William Ramírez, a establecer un paralelismo con lo ocurrido al renunciante presidente Richard M. Nixon, quien tenía por costumbre grabar sus conversaciones telefónicas en Casa Blanca. "Nixon les grababa pensando que era algo privado y cuando le piden que las entregue [las cintas de grabación] levanta un argumento de privilegio presidencial porque eran privadas. El caso llegó al Tribunal Supremo de Estados Unidos, que resolvió que tenía que entregarlas, porque el pueblo tenía derecho a saber lo que se decía".

Prácticamente no hubo nacido en la Isla o fuera de ella que no estuviera observando la transmisión del Mensaje. Tras su alocución, los periodistas dispusieron de un turno para hacer una sola pregunta. La estrategia utilizada en conferencias de prensa buscaba evidentemente que se cambiara de tema, pero no dio resultado.

Poco a poco, el Gobernador se fue relajando. Se tiró la maroma de prometer que propondría legislación para establecer mayores controles con el fin de prevenir la corrupción en el gobierno.

"¿Ha hablado con Keleher? ... ¿Habló usted con su padre?", le cuestionaron en ese momento. La Prensa, con algunas excepciones, no fue incisiva con la línea de preguntas.

Se presume que el Gobernador mintió a sabiendas cuando se le preguntó si "Fdo.", como se identifica uno de los integrantes del chat, era su ex director de campaña Elías Fernando Sánchez Sifonte. Evidentemente molesto, negó que recordara quién firmaba así, aunque días más tarde admitió la participación de su compadre. En esa ocasión, negó que hubiese mentido, sino que no había visto "Fdo." en sitio alguno. En la pantalla del monitor, Sánchez Sifonte era identificado por "Elías", su primer nombre.

"¿Se ha disculpado con la exconcejal de Nueva York, Melissa Mark-Viverito?", se le preguntó. Rosselló Nevares admitió que no, pero tampoco dejó entrever que lo haría. Despachó la pregunta con un "nada justifica las palabras que he escrito y he dicho durante todo este periodo".

Un periodista le recordó la presencia de manifestantes en la entrada de la Mansión Ejecutiva y le pidió una reacción. "Todo puertorriqueño o puertorriqueña tiene el derecho a expresarse. Prácticamente todos los días hay personas trayendo sus pedidos y haciendo sus reclamos... Algunas veces los reclamos van totalmente opuestos a la política pública del gobierno ... [Pero] defenderé la expresión pública de todos los puertorriqueños estén a favor o en contra mía", respondió.

El mandatario fue evasivo y no entró en detalles sobre el conocimiento que pudiera tener de esquemas de corrupción en los departamentos de Hacienda, Educación y Salud ni de por qué un consultor como Velázquez Piñol daría instrucciones a jefes de agencia. Incluso, no pudo precisar quién en Fortaleza le dio "carta blanca".

"Él (Velázquez Piñol) es un consultor que no tiene poder de tomar decisiones. Si tomó decisiones o se le permitió tomar decisiones, ahí está el problema", dijo, en respuesta a una pregunta de la periodista Limarys Suárez.

"Que si cojo golpes… Sí, he cogido golpes. Pero al final… garantizo victoria", recapituló el Primer Ejecutivo. Los jefes de agencia que asistieron a la conferencia prácticamente huyeron del lugar al terminar el turno de preguntas para evitar cualquier contacto con los periodistas.

Ya para ese momento, el Gobernador no tenía oportunidad de aspirar a una casi imposible reelección. "Hasta Bea -ahora mirando al mar en un crucero, sola, con sus niños al hombro y con su tierna mirada y su eterna expresión de pucherito- lo sabe…", escribió un cibernauta, con cierta poesía.

En los días siguientes, Rosselló Nevares ni tan siquiera pudo salir a sus actividades oficiales ni tuvo espacio para gobernar. Parecería el personaje de una tragedia griega. Se había convertido en un lastre para todos. Nadie lo llevó a ese punto, sino él mismo.

Carlos Rubén Rosario

EL CHAT DE LA INFAMIA

Al día siguiente, 12 de julio, hubo una tercera filtración de otras 50 páginas del chat en las que se aludió a la licenciada Mayra López Mulero, a quien se refieren como "La Dama", y en las que el Gobernador se mofa de la alcaldesa de San Juan, Carmen Yulín Cruz, a quien en otra ocasión Bermúdez llama "estúpida". (Página 456, 20 de diciembre de 2018).

La Alcaldesa llegó a temer por ella y por su hija. "Soy mencionada 56 veces… Hay una parte del chat entre Carlos Bermúdez, el Gobernador, el Secretario de Estado y Christian Sobrino, en que se hace una referencia a que estoy buscando un novio, con esa obsesión que tienen de que yo soy lesbiana. Dicen al Secretario de Estado que no me enseñe "el tuerto", en referencia a su pene. La obsesión fálica que hay en ese chat, con todas las menciones al miembro masculino es increíble", argumentó la mandataria capitalina, quien radicó una querella que posteriormente fue rechazada por la Policía, por no cumplir con los elementos de una amenaza de muerte.

"¿La comandanta dejó de tomar sus medicamentos? Es eso o es tremenda HP [hija de puta]. Esto parece una broma cruel. Patria o muerte", se expresó Rosselló Nevares en otra parte del documento, refiriéndose a la Alcaldesa.

Otro blanco de burlas y ataques lo fue el exmonitor de la Policía, Arnaldo Claudio, quien había denunciado represalias contra agentes policíacos, tras el escándalo por el uso de un helicóptero de la Uniformada para transportar civiles, en violación de las regulaciones federales.

"El Monitor será un dolor de cabeza mayor en el 2020. Tiene agenda, pero hay que meterle mano", afirmó textualmente en el chat el Secretario de Asuntos Públicos de Fortaleza, Ramón Rosario.

En respuesta, el asesor legal del Gobernador, Alfonso Orona, le respondió: "Se tiene que trabajar en (Washington) DC, abajo en distrito no vamos a conseguir nada si el USDOJ *(United States Department of Justice* - Justicia Federal) no está 'on board'."

A esto, Rosario respondió: "Mi opinión es que se debe formar el revolú abajo, arriba y al lado. Si no lo sacan, por lo menos se marca… dos años perdidos y nos han dado duro".

El exmonitor de la Policía sometió una querella ante el FBI bajo alegato de una conspiración en su contra por parte del Gobierno de Puerto Rico con el fin de causarle daño físico y emocional.

"Es algo que a cualquier ciudadano le tiene que preocupar… Cuando uno dice 'marcar', no se puede entender otra cosa que hacer daño", explicó Claudio, quien denunció además que en el 2017, Alfonso Orona utilizó el sistema de justicia criminal para perseguirlo. El funcionario explicó que la ex comisionada de la Policía, Michelle Hernández, fue testigo del momento en que se impartieron esas instrucciones en una reunión y que los policías interrogados allí le confiaron que se intentó utilizar el testimonio de ellos contra él.

Los extractos filtrados del documento parecían ser sólo la muestra de algo peor. Se infería que el Gobernador instigaba conversaciones. Indudablemente, las filtraciones eran una amenaza a la estabilidad del Gobierno que no estaba preparado para enfrentar y manejar la crisis que se avecinaba.

El contenido que se asomaba en el chat respondía muchas de las interrogantes sobre por qué pasaban ciertos acontecimientos, sobre la incompetencia que durante los pasados meses se cuestionaba el pueblo y su falta de confianza en las instituciones.

El tono de las conversaciones nunca fue profundo. Las intervenciones eran simples, propias de una conversación entre escolares en edad de la pavera. Parecía una tertulia de chamaquitos que nada tenía que ver con la gestión gubernamental, pero eran ellos los que estaban a cargo de las decisiones que afectaban al País.

Días después de filtrarse esas primeras páginas y de la conferencia de prensa en la que el Gobernador pidió perdón al país, no cedían los reclamos de todos los sectores para que se publicarán las 889 páginas.

En una reunión con el Primer Ejecutivo, alcaldes, legisladores y jefes de agencia le emplazaron a despedir a sus asesores y miembros del gabinete en entredicho. Crecía la duda de si el Gobernador tendría la capacidad de recuperarse del escándalo.

***

En esos días, la cofundadora del Centro de Periodismo Investigativo, Omaya Sosa Pascual, realizaba una investigación periodística sobre actos de corrupción en la administración Rosselló. Ante los recientes arrestos y los sucesos que amenazaban con hacer tambalear el Gobierno, sabía que tenía que acelerar el paso. Junto a otros colegas, estuvo entre quienes inicialmente recibieron una confidencia sobre la existencia del chat entre Rosselló Nevares y algunos asesores.

"Lo voy a entregar a cuatro periodistas en los cuales confío… me parece que son periodistas íntegros. Tú eres una de ellos", le adelantó la fuente, que condicionó la entrega del documento a que se haría por segmentos. A pesar de la confianza de la periodista en su fuente, ella optó por declinar la oferta al no tener la certeza de qué contenía el resto del documento.

Pero luego surgieron rumores de que los siguientes fragmentos eran de contenido más gráfico en el que, incluso, los integrantes hablaban de que querían ver "en cuatro" a una conocida periodista televisiva.

Ante eso, la periodista llamó a su fuente, quien le aseguró que "eso no es parte del documento". Aparentemente, ese rumor surgido era una táctica para sembrar dudas sobre la veracidad del documento y con eso lograr que Rosselló Nevares superara la crisis. Eso obligó a la periodista a jugar la única carta que tenía: exigir la entrega del documento en su totalidad y no someterse a que le fuera filtrado por partes.

El encuentro se concertó en la noche del viernes 12 de julio. Las 889 páginas fueron transferidas a una pequeña memoria portátil. Eso fue un golpe al Gobernador, que insistió públicamente en esos días -como administrador del documento que era- en que el chat había sido borrado, por lo que no había contenido restante que divulgar. Un gran error de cálculo de su parte.

Era mucho material, había urgencia por publicar y el margen de tiempo se hacía corto. Esa madrugada, Omaya, su compañero de labores, Luis Valentín, junto con varios colaboradores, prepararon tazas de café para corroborar detalles como fechas y datos contenidos en la extensa publicación, para que no se pudiera refutar. Hubo que consultar también a allegados al grupo del Gobernador con conocimiento personal del chat.

***

A las 3:00 a.m. del sábado 13 de julio se publicó el chat completo en la página web del Centro de Periodismo Informativo. Ese amanecer, aún los que no habían leído El Quijote "se echaron al cuerpo" la lectura de las 889 páginas de dos meses de conversaciones textuales entre el Gobernador y sus colaboradores.

Como en cualquier escenario íntimo con personas de total confianza, todos ellos se desenmascararon y mostraron cómo realmente eran en la intimidad. Pero el Gobernador llevaba la peor parte porque, con hipocresía, había engañado al pueblo sin importar afiliación política.

Rosselló Nevares tenía claro su rol. Actuaba como instigador y como el jefe por el que sus "alicates" se desvivían por complacer. Su directriz era clara: que se hiciera contrapeso a toda actividad o reacción contraria a su administración.

La revelación fue una sacudida nunca vista antes en el país, similar a la de los estragos de un terremoto al que le sigue un tsunami. Fue como levantar un telón para develar las acciones de quienes sin consentimiento se ocultan tras de él.

Tan retratados quedaron, que los principales líderes del partido de gobierno no tuvieron más opción que unirse al reclamo general de la oposición para que el Primer Ejecutivo y sus colaboradores renunciaran.

En el chat, funcionarios públicos confabulaban con ciudadanos privados para coordinar entrevistas, mancillar reputaciones, activar *trolls*, manipular encuestas y carpetear personas. El pueblo vio un proceso sumamente peligroso que daba al traste con la transparencia que se demanda en las gestiones gubernamentales. Se atentaba contra la dignidad del ser humano, entre comentarios y burlas de corte machista, vulgar, homofóbico, misógino, y se mostraba desprecio contra mujeres empoderadas y personalidades de la política y de círculos artísticos y culturales.

Generalmente, la conversación textual se iniciaba cada día con una recopilación de estadísticas de la tasa criminal. Nada de análisis, sólo una mención que se despachaba como si cada muerte fuese simplemente un número, una estadística que cuando convenía era un logro de la administración.

Bastó una lectura entrelíneas para entender que imperaba la falta de sentido común y los errores de juicio. Nunca el país vio a su funcionario de más alto rango expresarse en términos tan vulgares y ofensivos. Era notable, además, el deterioro del lenguaje que debía observar una figura política en funciones, expresiones muy distintas a la formalidad observada en gobernadores e ilustres funcionarios de tiempos ya idos.

Era evidente que la prioridad de los implicados era el Partido y eso iba por encima de la lealtad al País. Tenían por práctica "carpetear" personas por el hecho de favorecer otra ideología política.

Combatían cualquier signo de disidencia, y dejaron al descubierto la confabulación y conspiración para atacar a todo detractor de la política gubernamental. Uno de sus blancos preferidos lo fue el representante independiente Manuel Natal, a quien Christian Sobrino le llama "jodío cabrón" y el Gobernador pidió investigar. (6 de diciembre de 2018, página 145).

Otro ejemplo lo fue la confabulación para desacreditar al exdirector del Instituto de Estadísticas, Mario Marazzi, quien había sido señalado en un caso de violencia de género.

De igual forma, cuestionaron la razón por la que Griselle Morales, esposa del senador independentista Juan Dalmau, y quien por 17 años ha trabajado con varias administraciones de gobierno, fuera Directora Legal de la Oficina del Comisionado de Instituciones Financieras. El propio Gobernador mostró interés en el asunto y sugirió que el puesto debía ser ocupado por una persona afiliada al PNP.

Una lectura ligera dejaba entrever que las personas que tenían como responsabilidad delinear la política pública del Gobierno, no sólo dejaban al pueblo sin los servicios, sino que se entretenían en horas laborales burlándose de oponentes con comentarios y epítetos de corte homofóbico.

Ejemplos sobran: se refieren al presidente del PPD, Aníbal José Torres, como "La Jossie". De igual manera, Carlos Bermúdez y Edwin Miranda ponen en entredicho la orientación sexual del senador popular Eduardo Bhatia, de quien dicen "ha tenido machos". No conformes, se mofan de su peso. A veces, es el mismo Gobernador el que ordena el acoso.

Rosselló Nevares hace referencia a una foto del Senador junto a otras personas en una celebración en Aguada y escribe "en un festival de bueyes". No conforme con esto insta a comentar con un *"please, discuss"*. A lo que Ramón Rosario le comenta: "Cada cual compite en su área". (página 516, 23 de diciembre de 2018).

"Hay que atacarlo por vago e incompetente", instruye el Gobernador en otro segmento del chat refiriéndose al político, al aludir que le habían dado información falsa para aprobar una emisión de bonos.

Christian Sobrino respondió al Gobernador: "A Isabel (esposa de Bhatia) también le dieron información falsa y se casó con él". (página 853, 18 de enero de 2019). En otro fragmento del documento, el Gobernador le llama "mamabicho" al senador popular. (Página 529, 24 de diciembre de 2018).

La revelación de estos comentarios homofóbicos llevó a cuestionar la sinceridad de la administración de Gobierno con la comunidad lésbica, gay, bisexual, transgénero y *queer* (LGBTQ), al impulsar iniciativas y proyectos como El Pórtico de la Igualdad, que justo antes de la renuncia del Gobernador fue vandalizado al ser pintado de blanco por personal de la escolta de la Primera Dama.

A la hora de buscar a quién hacerle una patraña, no importaba si era a los compañeros pertenecientes al mismo partido. Al ver el nombre del representante novoprogresista Juan Oscar Morales —sobreexpuesto falsamente en el programa de la convención del opositor Partido Popular Democrático— el Gobernador exclama: "Buen trabajo, *guys.* Cogemos de pendejo hasta los nuestros". (1 de diciembre de 2018, página 33). La expresión se volvió lapidaria. Pocas oraciones en el chat calaron tan hondo como ésa.

"*Please,* a regar fotos", instruyó el Gobernador cuando le hicieron llegar fotos tomadas por infiltrados en la convención del PPD que dejaban en entredicho la asistencia masiva de la actividad. (30 de noviembre de 2018, página 16).

Entre prejuicios y con total inmadurez se decidía también a quién apoyar, como lo hizo el publicista Edwin Miranda al delinear estrategias para favorecer que el exsecretario de

Seguridad Pública, Héctor Pesquera, permaneciera en su cargo... o a quién eliminar.

Esto fue evidente con la presidenta de la Asociación de Maestros, Aida Díaz, quien fue amenazada por el exsecretario de Asuntos Públicos, Christian Sobrino, al insinuar que había que dispararle. Refiriéndose a la líder magisterial, Sobrino escribe: "Estoy salivando por entrarle a tiros". La amenaza recibió el repudio de Randi Weingarten, presidenta de la poderosa Federación de Maestros de Estados Unidos que agrupa a 1.7 millones de miembros, y quien exigió la renuncia del Gobernador.

Como la "mafia institucional" que días antes había denunciado Maldonado Gautier, algunos de los integrantes del chat enviaban preguntas de encargo a los mantenedores de programas radiales, presionaban a los medios con la inserción o suspensión de pautas comerciales o intentaban manipular la información que les pudiera favorecer.

Un ejemplo de esto se deja entrever cuando Sánchez Sifonte pregunta a los integrantes del chat si algún periodista puede cuestionar al presidente del PPD, Aníbal José Torres, sobre una actividad de recaudación de fondos organizada por el empresario Johnny Crespo. También se observan intentos de manipular el contenido del programa de análisis Jugando Pelota Dura y cuestionan la contratación en el espacio televisivo de la periodista Yanira Hernández Cabiya, quien fue Secretaria de Prensa del exgobernador Alejandro García Padilla.

A ésta se refieren como "la dama popular" o sólo como "dama", así, escrito entre comillas. De esa forma también se referían despectivamente a la Alcaldesa de San Juan y a la licenciada Mayra López Mulero.

Uno de los periodistas blanco de ataques lo fue el subdirector de El Nuevo Día, Rafael Lama. A sus espaldas, el relacionista público Carlos Bermúdez cuestionó ante los suyos por qué no se cubrió adecuadamente la reapertura del hotel San Juan, una de sus cuentas de relaciones públicas.

Bermúdez criticó en el chat el titular de El Nuevo Día sobre el evento e insinuó que el periodista cubrió un acto similar en el hotel Saint Regis porque "esperaba pasar un fin de semana gratis". (página 358, 15 de diciembre de 2018). Ambas actividades fueron cubiertas por el periódico pero, al coincidir en horario, Lama asistió a la del hotel Regis.

En otro de los segmentos del chat elogian como un logro la colocación de una foto supuestamente retocada del exsecretario de Asuntos Públicos e integrante del chat, Ramón Rosario, en la portada de El Vocero, en ocasión de un reportaje sobre el balance de su gestión tras salir de Fortaleza. El publicista e integrante del chat, Edwin Miranda, da a entender que el retoque de la foto fue parte de una negociación que pudiera afectar favorablemente el futuro de las pautas publicitarias al rotativo.

Al descubrirse públicamente estos intentos de manipulación periodística en el chat, El Nuevo Día publicó un editorial en respaldo a la integridad de sus reporteros. La Asociación de Periodistas de Puerto Rico, en voz de su presidenta Damaris Suárez, indicó que el ataque a los periodistas era una respuesta de la administración de Rosselló Nevares al trabajo de fiscalización al gobierno. Por su parte, el presidente del *Overseas Press Club*, Luis Guardiola, calificó de "obscenas" las expresiones contra los periodistas, las "que dictan mucho de la manera en que debe comportarse un gobernante".

Carlos Rubén Rosario

En claro menosprecio al trabajo de fiscalización de la Prensa, en el chat también fueron aludidos los periodistas Benjamín Torres Gotay, a quien el Gobernador llama "pobre infeliz" y "mamabicho sin precedente" (página 614, 31 de diciembre de 2018) y Jay Fonseca, de quien Bermúdez se mofa por su peso y a quien el asesor Rafael Cerame le llama "cabrón".

El redactor de El Vocero, Miguel Rivera Puig, también se llevó su parte de la tajada de críticas cuando sugieren buscarle una carnada noticiosa para que desviara su atención de la cobertura que realizaba sobre los cuerpos acumulados en el Instituto de Ciencias Forenses.

Los integrantes del chat también enfilaron sus cañones hacia José Esteves, a quien se le insinuó consumo de cocaína, y la periodista Millie Méndez, a quien en dos ocasiones el asesor de Comunicaciones, Carlos Bermúdez se refiere como "mujer de un solo hombre" (páginas 568 y 574, 28 de diciembre de 2018).

Los integrantes del chat no tenían interés en el bien colectivo del País. Cada cual, pendiente a sus intereses y negocios, buscaba "arrimar la brasa a su sardina".

En el chat se alude también a la puesta en escena del musical Hamilton que por un conflicto obrero-patronal tuvo que ser mudada del Teatro de la Universidad de Puerto Rico al Centro de Bellas Artes Luis A. Ferré. En la página 492, Christian Sobrino comentó que Sánchez Sifonte representaba a la compañía de seguros involucrada en la transacción y que, con la movida del lugar, él cobraría doble el montaje.

Esas maniobras las descubrió en el chat el dramaturgo y autor del musical, Lin-Manuel Miranda, quien hizo lo imposible por traer el éxito de Broadway al Puerto Rico de sus raíces. El también productor despotricó contra el Gobernador y su equipo cuando riposto que "es francamente patético que… [al celebrar la mudanza y adjudicarse el crédito] están haciendo parecer que son los héroes de una película en la cual ni siquiera tuvieron parte…"

"Hamilton fue un triunfo. Hicimos lo que nos proponíamos hacer: recaudamos $15 millones para las artes en la Isla. Le dimos un impulso a la economía del turismo y reconstruimos el teatro de la UPR", se defendió el actor y productor.

Otra faceta que mostró el chat fue la falta de identificación de algunos de sus integrantes con su gente y con su propio país, al que, a juzgar por sus expresiones, no les interesaba pertenecer. Ejemplo de esto es la frase: "me cago en la Isla", que utiliza en una etiqueta el asesor en Comunicaciones, Rafael Cerame.

Otra lo es: "*I saw the future… is wooooooonderful… there are no puertorricans*", escribe el publicista Edwin Miranda.

Por su parte, Rosselló Nevares escribe: "Mis vecinos en la montaña. #AsiNoSePuedePedirLaEstadidad", al referirse al paisaje vecinal de la Casa de Campo del Gobernador, en el sector Jájome en Cayey. La casa vecinal cuya foto ilustra el mensaje fue construida por un albañil para su hija, con miles de sacrificios, según el mismo vecino posteriormente contó.

Entre mofas y comentarios ofensivos y vulgares y expresiones sexistas, también se referían a figuras políticas y personalidades del espectáculo. A veces reforzaban sus bromas con fotografías y memes.

Cerame posteó memes burlones contra el exrepresentante popular Roberto Prats, a quien Christian Sobrino lo llama "payaso". Como algunos otros, Prats es constante punto de mofa en el documento.

Sánchez Sifonte se une a los demás en la mofa y comparte memes de otras figuras públicas. En una ocasión se mofó de la apariencia física del exsecretario de Hacienda, Juan Carlos Zaragoza. Es también Sánchez Sifonte quien al enterarse de que la senadora Evelyn Vázquez compitió en un certamen de belleza, pregunta: "¿En dónde fue que compitió? El [prostíbulo] *Black Angus*" lo cerraron en el 1996". (Página 377, 16 de diciembre de 2018)

***

Todos esos colaboradores del Gobernador eran como focas entrenadas que le aplaudían todos sus comentarios. Todos tenían poder político e influencias. La mayoría era de un mismo circulo social. Trataban los asuntos de política pública como si fuera un *"Boys Club"* élite, pero ni tan siquiera tuvieron entre ellos una presencia femenina que sirviera de detente para sus comentarios.

En las 889 páginas del chat, ninguno de los integrantes —incluido el Gobernador— jamás ofreció una sola solución a la crisis que enfrentaba la Isla. Pero, al quedar desenmascarados tuvieron que dar cara. Se disculparon, no por voluntad propia, sino porque —como el Gobernador— fueron pillados.

Al ser cuestionado, el Secretario de la Gobernación, Ricardo Llerandi, insistió en que no había hecho nada impropio. "No lo acostumbro, pero pido disculpas sabiendo que la mera existencia del chat ha provocado mucho pesar en mucha gente", afirmó.

El publicista Edwin Miranda y el asesor en Comunicaciones, Carlos Bermúdez, renunciaron a sus contratos cuando se vieron desenmascarados. Tanto Cerame, como los ayudantes Alfonso Orona y Edwin Sobrino, se disculparon en sus redes sociales.

"Me corresponde pedirle disculpas tanto al público general como a quienes mencionan en el chat", escribió Sobrino en sus redes sociales, que luego cerró. En los meses siguientes, permaneció en la Isla, aunque a veces viaja a República Dominicana donde tiene negocios y viven algunos familiares.

Mientras, Cerame presentó sus excusas "a todo aquel que se haya sentido ofendido. Esa situación ha sido una lamentable experiencia de la cual, como todo ser humano que comete errores, aprendo una lección..." Tras eso, el asesor se retiró del escenario local para concentrarse en su empresa de Comunicaciones y Mercadeo Cerame Group Dominicana.

En tanto, el publicista Edwin Miranda, quien dijo que se disculpó personalmente con las personas que pudo haber ofendido, lamentó "cómo estos eventos han podido afectar a mis compañeros de trabajo, a quienes distingo y respeto". Miranda fue suspendido de la Asociación de Agencias Publicitarias y el Gobierno canceló todos sus contratos con su agencia publicitaria KOI Américas. Tras cerrar sus compañías locales, movió sus operaciones a Miami.

Por su parte, tras renunciar a sus contratos, el asesor de Comunicaciones, Carlos Bermúdez, ya no brindaría asesoría al Gobernador y a la Comisionada Residente. Se puso en contra a muchos, al no discriminar al hacer comentarios contra amigos y colaboradores.

"Tengo algo que sacarme de adentro y es pedir disculpas a ustedes, a los medios... por lo que sucedió allí, por lo que se dice ahí. Sé que una disculpa no es suficiente. Sé que habrá

quienes aceptarán el perdón que estoy pidiendo. Otros no...
pero es el mismo mensaje... Con un corazón avergonzado por
lo que escribí yo, por lo que no escribí y por lo que no detuve",
expresó el asesor de Comunicaciones a los periodistas cuando
días después entregó su teléfono celular ante el Departamento
de Justicia.

Sin embargo, las disculpas no bastaron. Al Gobernador le
llegaba el agua al cuello y en un intento por salvar la situación,
el mismo día en que se publicó todo el chat, prescindió de la
mayoría de sus colaboradores.

"Luego de analizar el contenido de las comunicaciones
resulta imposible para mí y para quienes esperan los más altos
estándares éticos y de comportamiento, continuar con esta
controversia que distrae y obstaculiza la gestión pública",
afirmó el Ejecutivo al anunciar la salida de algunos de los
funcionarios involucrados, sin darse por enterado de que el
reclamo de renuncia era principalmente contra él. Pero no todos
salieron. Rosselló Nevares eximió a su Secretario de la
Gobernación, Ricardo Llerandi y al de Asuntos Públicos,
Antony Maceira.

Por su parte, Luis G. Rivera Marín sometió su renuncia
como Secretario de Estado, aduciendo que era "un deber
moral". El funcionario, que antes había servido como Secretario
del Departamento de Asuntos del Consumidor, había quedado
mal parado cuando el gobierno venezolano lo desmintió al
asegurar que un avión procedente de Puerto Rico había
aterrizado en Caracas con suministros de ayuda a Venezuela.
Otro intento de enviar las 250 toneladas de carga por barco
fracasó ante la negativa del régimen venezolano de recibir la
nave. El cargamento fue desviado a Curazao en donde luego de
casi un año en un almacén, finalmente fue decomisado.

La salida de Rivera Marín pudo ser una medida sumamente calculada o un evento fortuito que había que aprovechar. Si el Primer Ejecutivo no llenaba la vacante en la Secretaría de Estado antes de su esperada renuncia, la próxima en la línea de sucesión para asumir la Gobernación era la Secretaria de Justicia. Como dice el proverbio: "la venganza se sirve en plato frío" y con eso, Rosselló Nevares dejaría en bandeja de plata su desquite contra el Presidente del Senado, quien a su vez tenía desavenencias profundas con Vázquez Garced.

***

¿En cuáles violaciones criminales, contra la Ley de Ética Gubernamental o los cánones de ética de las profesiones de los contratistas participantes, pudieron haber incurrido los participantes del chat? Abogados y juristas sugirieron una absoluta violación a la separación que debe haber entre partido político y gobierno. Entre éstas, realizar en horario laboral tareas de estrategia mediática con fines político-partidistas, contratistas que pudieron haber realizado labores de esa índole, pagadas con fondos públicos, y la participación de terceros sin relación oficial con el gobierno en procesos de contratación o subastas.

Señalaron también la incitación a la violencia; un posible uso indebido de poder para beneficiar a terceros; discrimen por razón de género, orientación política y sexual; posibles violaciones a los derechos humanos y a la dignidad de los ciudadanos mediante la intervención indebida en procesos gubernamentales, y acceso a información privilegiada sin autoridad legal para ello.

El representante independentista Dennis Márquez presentó en el hemiciclo cameral un pliego acusatorio que contemplaba unos 20 posibles delitos contenidos en el chat. Mientras, el Departamento de Justicia inició una investigación sobre la participación de los implicados, tomando en cuenta si era funcionario público o contratista. Al ser mencionada en el extenso documento, la secretaria Wanda Vázquez se echó a un lado y puso en manos de un "*task force*" la asignación del caso a cargo de la jefa de Fiscalía, Olga Castellón. La pesquisa que contaba con el apoyo de la División Técnica de Crímenes Cibernéticos de la Policía se realizaría independientemente de la iniciada por la Oficina de Ética Gubernamental.

***

La interrogante rondaba en el aire: ¿estaba Raúl Maldonado Gautier detrás de la revelación del chat? ¿Si no hubiese hecho su denuncia, habría sido divulgado en algún momento el documento? Una de las formas en que una comunicación de Telegram puede hacerse pública es que uno de sus participantes la imprima o capture la imagen de la pantalla desde otro teléfono celular. Después de todo, Maldonado fue uno de ellos aunque su interacción fue muy esporádica y pasiva y, como Rivera Marín, se limitaba a poner los llamados "emoticones" sin hundirse en el fango.

Fue precisamente Maldonado Gautier el único que tuvo un gesto de desalentar comentarios y las bromas en el chat al advertir sobre posibles repercusiones.

"Los chistes y burlas … pueden afectar la campaña de reelección del Gobernador y no son apropiados, en particular en un chat como éste, que no está encriptado. Una sola meta, que el Gobernador sea reelecto y conseguir la estadía", advirtió textualmente en diciembre de 2018. El consejo evidentemente llegó a oídos sordos y como reza el dicho: "el que no sigue consejo, no llega a viejo".

De otra parte, aún estaba muy fresca en la mente de los puertorriqueños la advertencia que unos días antes hizo su hijo Raulie en el primer mensaje en que despotricó contra Rosselló Nevares en sus redes sociales: "Sr. Gobernador, recuerde #mamabicho" (lo que parecía sugerir un recordatorio: que había una etiqueta con esa palabra).

Sin embargo, en la entrevista de diciembre de 2019 con el periódico Metro, en la que prácticamente aceptó ante la editora Aiola Virella haber sido quien reveló el chat, Maldonado Gautier se desahogó:

"Destapé la olla sobre lo que estaba pasando en el Gobierno, sí. Que di información de cosas que yo entendía estaban incorrectas, sí... Me sentía ofendido con esos comentarios... no era parte del club de muchachitos y estaba fuera de ese contexto", confesó el exsecretario de la Gobernación y de Hacienda, que continúa su práctica privada como Contador Público Autorizado al frente de su corporación Maldonado y Asociados.

"Fue un periodo bien difícil para nosotros como familia, obviamente, [...] pero mi familia siempre me ha apoyado. Ellos saben que yo entré al Gobierno con la intención de hacer un cambio y hacer las cosas correctas y he pagado el precio [...] Tanto mi esposa como mi hijo sufrieron en esto", aceptó ante la periodista, con voz entrecortada.

***

Mientras ocurría la llamada "tormenta perfecta", el Gobernador tuvo otro encontronazo con la Junta de Supervisión Fiscal, que seguía en su empeño de recortar fondos a la operación gubernamental y al Centro de

Recaudación de Ingresos Municipales. A principios de ese verano, la Junta envió para aprobación de la Legislatura un presupuesto con $573 millones menos que lo propuesto por la administración de Gobierno, lo que amenazaba con hacer desaparecer municipios.

Del enojo inicial ante los arrestos y la aparición del chat, el país pasó a los desvelos. La gente desatendía sus asuntos, crecía la ansiedad, no dormía pendiente a los eventos de último minuto. Las emisoras de radio y televisión interrumpían a cada momento su programación regular para dar prioridad a boletines noticiosos. Esto alteró el diario vivir. Unos se quedaban pegados a la radio buscando la última información, otros acudían a las redes sociales en computadoras y celulares. Había que cuidar más que nunca que los aparatos no se quedaran sin carga.

Los días parecían eternos. Quedaba la noción de que el tiempo se hacía más lento, que lo que sucedía en horas recientes había sido una semana antes.

"¿Va a renunciar? ¿Se quemó San Juan? ¿Me perdí de algo? ¿Y si me levanto y se lo han llevado arrestado? ¿Y si renuncia y no me entero?", se escuchaban una y otra vez los comentarios de los filósofos y analistas de pueblo.

"Rosselló se queda solo", leía un titular de primera plana. El Gobierno zozobraba. En barberías, guaguas públicas y en los espacios radiales no se hablaba de otra cosa. Los alcaldes del partido de gobierno empezaban a desertar en su apoyo. Mientras, los líderes legislativos aún consideraban conceder espacio al Gobernador. Pero eso no duraría mucho.

Cuando aún la Primera Dama no había llegado del malogrado viaje vacacional, La Fortaleza autorizó la publicación de un comunicado a su nombre exhortando el perdón para el Gobernador por los insultos homofóbicos y misóginos, y las bromas sobre los muertos tras el paso del huracán María.

"Nos debemos a un pueblo que nos honró con su confianza y apoyo en el 2016. Han sido dos años de mucho trabajo, esfuerzos, nuevas iniciativas de beneficio para nuestra gente, de enfrentar obstáculos y sobre todo, de responder a la adversidad", inicia la comunicación.

"Cuando mi esposo ha fallado, lo ha aceptado, y con humildad ha pedido perdón. Porque es de hombres íntegros aceptar los errores y dar la cara, como siempre lo ha hecho. Cometió un error, lo comprendió, e inmediatamente se disculpó. Conmigo también tuvo una seria conversación, con el beneficio de que yo lo conozco muy bien, conozco su sinceridad y por supuesto, creí en su arrepentimiento. Yo sé que jamás volverá a suceder algo así", sostuvo Beatriz Areizaga, quien se mantuvo al lado del Gobernador durante toda la crisis. "Tanto Ricardo como yo, valoramos a la mujer, a la familia y todos los principios de igualdad e inclusión por los que hemos batallado", indicaba una de las líneas. Pero era como echar gasolina al fuego.

"No debemos desenfocarnos ni permitir que se interrumpan todas las iniciativas que con mucho sacrificio hemos levantado y que han beneficiado a todo nuestro pueblo. Hicimos un compromiso de trabajar por un mejor Puerto Rico y lo seguiremos cumpliendo", concluyó el documento, cuya publicación fue como tirar papeles al viento.

***

A mediados de julio, varias voces dentro y fuera del Partido Nuevo Progresista consideraron iniciar el residenciamiento, un proceso que se activa en la Legislatura ante señalamientos de traición, soborno o depravación. Para esto, ambas cámaras legislativas se pueden autoconvocar, pero corresponde a la Cámara de Representantes ser el cuerpo acusador. Se requiere tres cuartas partes de aprobación de votos para que el proceso pase al Senado. Allí se celebraría una especie de juicio presidido por el juez o la jueza que presida el Tribunal Supremo. Dos terceras partes del Senado tendrían que aprobar el residenciamiento, que no persigue una condena de cárcel sino separar al incumbente de su puesto.

La oposición política estaba sin agenda, como de brazos cruzados. Al inicio de la crisis, el Partido Popular Democrático quiso mantener manos afuera con la excusa de que "eso es un problema del PNP y lo tiene que resolver el PNP". Pero no fue hasta que se contempló el residenciamiento que manifestó su apoyo al proceso.

En Puerto Rico hay un precedente: la separación del senador Nicolás Nogueras, expulsado por depravación moral, evasión fiscal, violaciones a las leyes de Ética Gubernamental y al Código de Ética. En Estados Unidos, el mecanismo se estrenó en 1868 contra el presidente Andrew Johnson, y se intentó en 1975 contra Richard Nixon, quien terminó renunciando antes, y contra el presidente Bill Clinton en 1999, proceso que no obtuvo la votación necesaria.

De enfrentar un residenciamiento o una renuncia, a Rosselló Nevares no se le podría referir como exgobernador y perdería otros beneficios de su cargo, como disfrutar su pensión, mantener una escolta y la adquisición de fondos para la construcción y operación de una biblioteca que recordara su gestión.

Otras posibilidades que se ponderaban era que en una acción sin precedente el Congreso, con sus facultades extraordinarias, removiera al Gobernador de su cargo, se creara en el futuro el puesto de vicegobernador o se contemplara un proceso revocatorio, aunque para eso hubiese sido necesario enmendar la Constitución.

El Presidente de la Cámara encomendó a un panel de abogados evaluar en un plazo de diez días y de manera individual la posible comisión de delitos en las acciones y expresiones contenidas en las 889 páginas del chat. El término concedido fue visto por algunos como "una eternidad", dada la urgencia para resolver la ingobernabilidad sin precedentes. Otros lo veían como una ventana de oportunidad para que las cosas se calmaran.

Tras bastidores, los líderes legislativos y la Comisionada Residente iniciaron la búsqueda de candidatos para la gobernación, entre los que estaban el alcalde de Bayamón, Ramón Luis Rivera; el senador Larry Seilhammer; el exrepresentante Leo Díaz; el alcalde de San Sebastián, Javier Jiménez y el excomisionado residente Pedro Pierluisi.

***

Ese 13 de julio en que se reveló la totalidad del chat y el Gobernador prescindió de la mayoría de sus colaboradores involucrados en el chat, arribó a la Isla el exgobernador Pedro Rosselló González. Como el gobernador, líder del Partido que fue, y como padre, vino a cobrar favores, reclamar concesiones, a "echar en cara" si era necesario. No quería tener que recordarles por qué le decían "El Mesías". Inmediatamente se reunió con líderes legislativos en un esfuerzo por detener el inicio del proceso de residenciamiento. Se rumoraba que había tomado control de la situación que enfrentaba su hijo. Más que venir a aconsejar, vino a "atrincherarlo" y velar por que no se expusiera innecesariamente. En tanto, para el Primer Ejecutivo, cada nuevo amanecer en la Gobernación era una victoria.

El exgobernador vino dispuesto a jugar. Estaba impuesto a eso. Cuando era líder del Partido de Gobierno siempre tuvo la sartén por el mango… y el mango también. Ahora, si no lograba su propósito estaba dispuesto a quemar las naves y, como se dice, botar el bate y la bola. Pero ni el padre ni el hijo parecían entender que la situación no se iba a resolver con negociaciones en cuartos oscuros.

En esos días, el exgobernador fue interceptado por una señora que le increpó mientras, a la vez, lo grababa con el celular cuando él intentó guarecerse de la lluvia mientras trotaba en un vecindario.

"No quiero que me grabes, yo tengo aquí una percepción de privacidad. Eso es una falta de respeto…", le advirtió el exgobernador mientras trataba de tapar con la mano el lente del teléfono de la mujer.

Nunca falta una "turba" que le joda a uno la existencia, habrá pensado el importunado. La fémina retiró el lente, aunque dejó grabando el diálogo que sostuvo con el exmandatario:

"Me puede decir qué van a hacer con el País, porque eso sí es una falta de respeto…", le cuestionó la señora.

"No, no, no, perdóname. La falta de respeto es de ustedes… por unas presunciones que no son correctas", ripostó el exgobernador.

"Pero si todo lo que salió ahí es cierto y él mismo [Ricardo Rosselló] lo ha dicho…", insistió la mujer que se negó a dar su nombre a insistencias del exgobernador. "[Un gobernador] debe tener ética, moral, valores… ¿qué pasó?"

"Que los tiene, que los tiene", manifestó Rosselló visiblemente contrariado. "¿Tú nunca has dicho palabras soeces? Eso era una conversación privada".

"Lamentablemente, él se equivocó porque a los que tenía en el chat mire lo que les pasó", le dijo ella.

"Puedes pensar lo que tú quieras… El va a seguir haciendo el trabajo que comenzó haciendo cuando fue electo gobernador", le resumió Rosselló como buscando una salida diplomática para seguir su camino.

"Robando…", le soltó la mujer que mantenía la ofensiva del combate verbal.

"No. (Pausa) Dime de dónde es que tú sacas eso", le emplazó el exgobernador.

"Pero es que todo eso ha salido claramente en todos los lados… Pues desmiéntame, dígame la realidad…", cuestionó ella, que parecía no tener prisa.

"No, no, no", negó Pedro tres veces. "Te estoy desmintiendo. La realidad es que no ha hecho ningún acto inmoral ni ningún acto ilegal".

"Y ha permitido que sus panitas roben… ¿Y él no le consiguió contratos a todas esas personas para que ganaran dinero? ¿No le consiguió contratos a Elías Sánchez?", volvió a la carga ella.

"No, no, no", respondió a cada uno de los cuestionamientos. "Tú quieres creer cualquier cosa que te digan", respondió el exgobernador, que ya no le quedaba paciencia.

"Pero eso no es cualquier cosa, caballero. Usted se ha quedado con esa postura fija... Ahí salen cosas de los fondos de María... él permitió que mucha gente muriera ... Ahí mismo salió lo de los vagones", soltó ella a modo de estocada. El tema de María es esa ficha que uno debe tirar cuando quiere trancar la partida de dominó.

"¡Em-bus-te!", saltó el exgobernador como un resorte y enfatizando cada una de las sílabas de la expresión. "¿De dónde tú sacas esa información? ¿De dónde tú sacas esa información?"

"Usted lo sabía... usted sabe lo que dice ahí...", le emplazó la mujer que hubiese seguido en la discusión de no ser porque el exgobernador dio por terminada la discusión y siguió su paso...

Cualquier encuentro fuera de la seguridad del círculo íntimo del Gobernador y su familia, debía ser evitado. Rosselló Nevares ya había inhabilitado el muro para incluir comentarios en sus redes sociales. Evidentemente, para la familia del Primer Ejecutivo fueron días extremadamente difíciles... y la situación que él mismo provocó tuvo que haber pesado en su estado de ánimo, en el de sus padres, de su esposa, de su familia inmediata y en la relación de él con éstos.

EL PUEBLO A LA CALLE

La revelación de la totalidad del chat aquel largo sábado 13 de julio impulsó las manifestaciones que ininterrumpidamente —de mañana, tarde, noche y de madrugada— no cesaron hasta lograr pacíficamente, pero con firmeza, la renuncia del Gobernante. Fue el inicio de la jornada que cambió la historia del país.

También hubo lugar para otros reclamos de protesta relacionados con la eliminación de la Junta de Supervisión Fiscal y en favor de una auditoría de la deuda. A principios de su administración, Rosselló Nevares eliminó la Comisión de la Auditoría de la Deuda instaurada por su predecesor Alejandro García Padilla. Esto fue interpretado por algunos como un supuesto intento del Gobernador de amapuchar cualquier mal manejo de fondos públicos en la administración gubernamental de su padre.

Primero las manifestaciones se concentraron en las inmediaciones de la Mansión Ejecutiva, pero luego el perímetro fue creciendo. Allí estaban las "turbas" y "los pelús de siempre". Pero también hubo representación de cada una de las personas o grupos que fueron objeto de ataques y mofas y de los que  de alguna forma les fue mancillada su dignidad o la de los suyos. Nadie estuvo solo en su reclamo.

Con la ayuda de un megáfono, uno de los líderes de la protesta clamaba por la renuncia del Gobernador. El ambiente era tenso, pero el histórico reclamo conmovía. En la línea de seguridad, un policía no pudo más: dejó a un lado su sentido del deber e hizo caso al reclamo de su conciencia. Lágrimas rodaban por sus mejillas. Abandonó su obligación y pidió permiso a sus superiores para unirse a la manifestación.

"El pueblo quiere entrar", reclamaban a coro los manifestantes más próximos al portón principal del también llamado Palacio de Santa Catalina. "Esta lucha sigue, cueste lo que cueste", se escuchaba otra consigna a pasos de los primeros. Al transcurrir los días, el reclamo se hizo más fuerte y los manifestantes se contaban por decenas de miles.

En las noches los ánimos se caldeaban. Atrás quedaron la comodidad de muchos de opinar de todo, sentados frente al televisor o detrás de la computadora, y el temor a participar de las protestas y toparse con enfrentamientos como los de las marchas del Día Internacional de los Trabajadores.

"¡Estos puercos no pueden salirse con la suya...! ¡No caigamos más en la trampa!", manifestaba un hombre con un altoparlante cerca al portón trasero de la Mansión Ejecutiva.

Algunos, en infructuoso esfuerzo, intentaban escalar las columnas laterales del portón de la entrada, mientras otros trataban de mover las barricadas colocadas en la esquina de las calles Cristo y Fortaleza.

Un forcejeo frente al portón principal tomó desprevenida a la Policía. "¡Fuera, fuera, fuera...!", reclamaban los manifestantes. Los de la primera línea en la protesta halaban las rejas del portón. Desde adentro, los agentes policiacos y de la Unidad de Operaciones Tácticas de la Administración de Corrección, hacían resistencia halando para su lado. Estos últimos estaban en desventaja, pues no estaban entrenados para enfrentar multitudes. Tras de ellos, efectivos de la Fuerza de Choque se mantenían impávidos uno al lado del otro, roten en mano y en doble línea de formación.

123

Un cruzacalle con elocuente mensaje fue colocado a lo ancho del portón principal de La Fortaleza: "¡Por los 4,645 muertos, RENUNCIA!"

Desde el helicóptero que sobrevolaba el área ocasionalmente, la Policía trataba de localizar al activista Alberto de Jesús, el famoso Tito Kayak, que había sido visto en uno de los techos de la Comandancia de la Fortaleza en la calle Clara Lair. Antes de ser sorprendido de espaldas y detenido por 24 horas, el hombre logró desplegar una bandera de Puerto Rico y una pancarta que leía: "¡Renuncia!"

En los días siguientes, la seguridad de la entrada fue reforzada por vallas de cemento y otras de plástico llenas de agua. También fue restringido temporalmente el acceso de periodistas a los lugares habituales de trabajo en la Mansión Ejecutiva.

***

El 14 de julio, el mundo recuerda la histórica fecha en la que en el 1789 el pueblo francés tomó la cárcel de La Bastilla y liberó los prisioneros que allí cumplían condena. El hecho marcó el comienzo de la revolución francesa que acabó con el régimen de despotismo del rey Luis XVI. Así mismo, los puertorriqueños dieron ese día un claro impulso a su toma de conciencia nacional. En las protestas fue estrenado el desfile de la guillotina con la estrella blanca en su triángulo azul en la parte alta de su marco, que era cargada al hombro por tres personas a cada lado, y que hacía recordar la suerte del monarca francés y la emperatriz María Antonieta.

Las manifestaciones colocaron a Puerto Rico en el ojo de la atención mundial por primera vez desde las nefastas noticias del impacto y los efectos del paso del huracán María. El Gobernador empezaba a sentirse acorralado. Sus asesores de comunicaciones daban palos a ciegas y los errores de estrategia se fueron multiplicando, como lo fueron las supuestas reuniones y entrevistas posadas para fotos en la Oficina del Gobernador. Tras varias llamadas de previa coordinación, temprano en la mañana Ricardo Rosselló se presentó en la mañana de ese domingo en el servicio de la iglesia El Calvario AD.

"Disculpen mis expresiones.
Pero al igual que Ricky, estoy liberando las tensiones
Le doy fuego a la Fortaleza como se supone
Y al otro día voy a la iglesia pa' que me perdonen..."

René Pérez, Afilando los cuchillos

En su ruta, la comitiva oficial tomó la avenida Baldorioty para desviarse por el puente Teodoro Moscoso y ganar tiempo para llegar hasta la avenida Iturregui y de ahí a la calle Alejo Cruzado de Country Club. Al verlo llegar, los feligreses no podían ocultar su sorpresa y escepticismo al ver al Ejecutivo por primera vez allí. Valía la pena tratar. Después de todo fue su padre quien para lograr una mayor captura de votos se declaró "católico-protestante".

Durante el servicio religioso, el Pastor instruyó a los feligreses a rezar por el mandatario, y Rosselló Nevares fue llamado al altar para recibir una bendición. El Gobernador repitió su petición de perdón:

"Mis primeras palabras son... de perdón. Reconozco que he cometido errores y mi compromiso ha sido, número uno, buscar reflexión y sabiduría del Todopoderoso y ante ese proceso, aprender de lo cometido y no volver a hacerlo", dijo a los presentes. No parecía no entender que el cúmulo de sus acciones iba más allá de un simple traspié.

Poco antes del mediodía, la noticia sobre la visita a la iglesia había sido ampliamente difundida. Pero el País no le compró el histrionismo, y la estrategia de relaciones públicas resultó en todo un fracaso. El pueblo no se dejaba pasar la mano y no le cogía pena. Desde ese momento, el Gobernador cesó sus apariciones públicas.

El mandatario seguía sin dar signos de cualquier intención de renunciar y por cada minuto que se aferraba al poder profundizaba la herida de la puñalada que él y su círculo íntimo habían infligido al País.

***

Aún sin haberse recuperado de la improvisada maniobra de relaciones públicas que fue su visita a la iglesia El Calvario el día anterior, en la mañana del lunes 15, Rosselló Nevares fue protagonista de una polémica entrevista "arreglada" en el programa Nación Z del conglomerado radial SBS.

En una clara estrategia de preparar el terreno a favor del Primer Ejecutivo, el productor Sergio George coordinó la visita del Gobernador en el estudio radial, sin avisar previamente a la Gerencia de la emisora y a los panelistas del programa.

Minutos antes de empezar el programa, las escoltas del Gobernador impidieron el paso al estudio de los licenciados Jorge Colberg y Mayra López Mulero para ejercer su trabajo allí como panelistas.

"¡Hágame el favor de permitirme pasar!", imploraba firmemente la abogada al alto y corpulento escolta de seguridad que se plantó frente a una de las puertas interiores que da acceso al pasillo que lleva al estudio radial.

El agrio incidente fue captado por las cámaras de la Prensa, que ya se había enterado de la visita del Primer Ejecutivo para la entrevista exclusiva.

Neutralizada la oposición, Rosselló Nevares fue entrevistado por otros dos panelistas del espacio: Gary Rodríguez, quien había sido representante por el Partido Nuevo Progresista (PNP), y la periodista Limarys Suárez, quien fue avisada de la visita del Ejecutivo cuando ya estaba sentada en el estudio.

Como en sus recientes apariciones públicas, el Gobernador vistió chaqueta sin corbata y lucía cansado. A la entrevista se le vio el sayo, un burdo intento de relaciones públicas y en consecuencia, de manipulación mediática.

Una vez más Rosselló Nevares se reafirmó en que no renunciaría y repitió su discurso: "Me siento decepcionado de las acciones que yo tomé [...] Reconozco ese error y lo que quiero es asegurarme que no lo vuelva a hacer y que pueda cumplir con la responsabilidad que me dio el pueblo", repitió como un mantra.

Tras de que se coartara su participación, López Mulero renunció al programa. La movida le costó el puesto al productor Sergio George.

Aunque el subsecretario de la Gobernación, Erick Rolón, aceptó que el encuentro fue condicionado, Rosselló Nevares se desligó de la exclusión de los panelistas y de las acciones por parte de su escolta. Al quedar en entredicho la entrevista, la Gerencia de la emisora se vio obligada a aclarar mediante un comunicado:

"En SBS Puerto Rico se ejerce y se respeta el derecho de la libre expresión y la postura de la empresa es una imparcial. Sin embargo, SBS Puerto Rico se rige por un código de normas, ética y una política interna que, tanto empleados como colaboradores o recursos independientes, tienen que cumplir. Ningún recurso puede tomar decisiones en SBS Puerto Rico si no cuenta con la aprobación de la gerencia…"

***

Habían pasado sólo 48 horas desde que se develó la totalidad del chat. Así que en la mañana de ese lunes 15, el País esperaba la reacción del mantenedor radial Rubén Sánchez y del analista Jay Fonseca, quienes fueron aludidos en el chat entre insinuaciones de influencias y manipulaciones por parte del círculo cercano del Gobernador.

Sus reacciones no se hicieron esperar: en su espacio radial, Jay Fonseca, sumamente indignado, exigió que Univision Radio aclarara su posición ante los señalamientos que salpicaban a sus colegas de la misma emisora, Rubén Sánchez y a Ferdinand Pérez, productor del programa Jugando Pelota Dura.

"Llevo años diciendo (que la prensa es tan corrupta como el gobierno). No teníamos la evidencia, pero ahora la tenemos. Incluyendo a gente que trabaja en esta emisora, que tiene mucho que explicar. Y si la emisora no le gusta que lo diga, que me bote…", argumentó Jay Fonseca, visiblemente enojado, al retar también en su llamado al espacio radial Nación Z del imperio radial SBS.

El analista radial y abogado fue más allá al intentar desenmascarar acciones y fijar responsabilidades.

"Estoy tratando de conseguir a Ferdinand Pérez a ver si él quiere que yo diga al aire lo que sé que él hace", dijo Fonseca lanzando el reto al aire.

Aunque Pérez no le respondió la llamada, esa tarde utilizó su programa para aclarar que "el Gobernador vino una vez, el primer día, y llevamos casi dos años invitándole casi todas las semanas para que venga y no ha querido volver... porque aquí no le hacemos el juego a nadie". Sin embargo, Pérez no aclaró a que se refería Fonseca con su desafío.

En el chat, el asesor en relaciones públicas, Carlos Bermúdez, alude a Ferdinand Pérez cuando dice: "me pidió una reunión que no le di para supuestamente hablar de un programa de fin de año [...] hay que tocar base con (Jaime) Bauzá y Maxi (Paglia). Bauzá se cae de nalgas diciendo que ese contenido no está controlado por Ferdinand sino por ellos (Univisión y Maxi) y que no hay agenda". Bauzá es un alto ejecutivo de Univision y Paglia es un productor de televisión. A esto, el publicista Edwin Miranda responde: "El programa es de Ferdinand. Ellos sí pueden intervenir. Lo han hecho".

En todo rincón del país y en las redes sociales el llamado de los cibernautas era a sintonizar la emisora radial para no perderse un solo momento de la diatriba. Sería la primera vez que el público radioescucha era testigo de un "salpafuera" sin tapujos ni filtros entre compañeros colegas de una misma emisora.

En otra parte del chat, el 3 de diciembre de 2018, el exasesor legal Alfonso Orona y el Secretario de la Gobernación, Ricardo Llerandi, adelantan que sugerirían una línea de preguntas al periodista Rubén Sánchez para una entrevista con el presidente del PPD, Aníbal José Torres.

La saga de recriminaciones y acusaciones continuó al día siguiente cuando en su espacio radial Rubén Sánchez respondió a las acusaciones de su compañero Jay Fonseca y rechazó tajantemente los señalamientos sobre su alegada falta a la ética periodística y de prestarse a hacer favores y acceder a hacer preguntas de encargo. El hecho de que Sánchez y Fonseca se tenían que ver porque compartían el mismo estudio y sus programas le seguían uno al otro en horario, impartía más dramatismo a la polémica.

El mantenedor fue comedido en su tono e hizo pausas para controlar su coraje y seleccionar mejor sus expresiones.

"Con el coraje que tengo he decidido ser serio, circunspecto, frío. Por la circunstancia que me ocupa y la responsabilidad que tengo aquí, no puedo sonar altanero, atolondrado, irresponsable, salvaje, amarillo, particularmente amarillo…" inició Rubén su respuesta a Jay Fonseca.

"Me parece que la gerencia de esta emisora es pusilánime al poner las cosas en orden, porque hay que poner las cosas en orden…. Se desprestigia a la gente que trabaja aquí y se desprestigia a la marca…", denunció el mantenedor radial quien aceptó, de paso, que aparte de su salario, y según estipula su contrato, puede cobrar aparte por las menciones comerciales e integraciones y las entrevistas comerciales.

"Si la gerencia de esta emisora ve algún grado de deshonestidad en mi desempeño y ejecución puede cancelar ese contrato hoy", retó a su contratante Univision Radio.

Como si el drama de la improvisada radionovela fuera poco, esa tarde el periodista Luis Francisco Ojeda, con un espacio de análisis en la misma emisora, se alineó en defensa de su compañero Jay Fonseca.

"Como yo no me vendo, tengo la oportunidad de hablar. Desconozco si alguien se ha vendido, pero tengo mis dudas. He estado alertando sobre [la práctica de] estar recibiendo regalos de los políticos, sobre estar recibiéndoles desayuno y que les llenen la panza", advirtió también el veterano periodista que se hizo conocer como el "fiscal del pueblo".

"A pesar de que ya no me queda casi voz, me queda vergüenza", dijo Ojeda con voz entrecortada, dejando entrever que padecía de Parkinson, lo que le afectaba su capacidad de hablar articuladamente y dejarse entender.

***

En tanto, el Gobernador había perdido su autoridad moral para estar al frente de su mandato. Tenía además una Junta Asesora Fiscal y un gobierno federal al acecho. Aun en su propio partido, ya no tenía la confianza para seguir adelante.

Pero los días pasaban y no aceptaba la realidad. O seguía en negación o estaba mal asesorado. Eso le nublaba la vista. Se comportaba como un niño complacido en todo por sus padres, y que sin conocer los límites de un "¡no!" se le quitara un juguete de la mano. O con el "*shock*" de quien ha sufrido una súbita pérdida familiar o —nada lejos de la realidad— el empleo del que literalmente depende toda su circunstancia… y de momento fuera nadie. Su posición privilegiada le ofrecía la seguridad de tener alguna gente experimentada a su lado. También tuvo a otros —más bien tóxicos— con los que se codeaba y que lo mal asesoraban, le satisfacían sus deseos de reconocimiento y de los que se dejaba indisponer con otras personas.

Se le veía solo, depresivo, meditabundo, según fue captado por el lente de la Prensa gráfica, más allá de las celosías de una ventana o en los pasillos y jardines de la Mansión Ejecutiva. Tenía esperanzas de que no fuera así, pero su Partido lo había abandonado. Más allá de eso, su conducta parecía errática. Ya no se sabía qué esperar de él. O quizás sí sabía lo que hacía y apostaba al cansancio de los manifestantes, a que cesaran las marchas y todo volviese a la relativa normalidad. O en el peor de los casos —quién sabe— a que ocurriera una desgracia en las manifestaciones que pudiera poner el viento a su favor e hiciera perder el apoyo a los manifestantes.

Rosselló Nevares sabía que no podía ser candidato a ningún puesto electivo en el 2020. Parecía un náufrago aferrado a un madero. Cada vez eran menos frecuentes las salidas de La Fortaleza y las reuniones con funcionarios de gobierno o con candidatos a cubrir vacantes en el Gabinete. Veía cómo se desmoronaba su gobierno poco a poco y cómo se iban de su lado sus ayudantes.

Había quemado las naves no sólo para él sino para su apellido y por consecuencia para su familia, a quien parecía no tener en cuenta. Como si al haberse salido del libreto aprendido, no supiera qué hacer frente al escenario de la vida. Pero el telón no bajaba y el público espectador seguía allí, sentado a la espera, sin dar tregua a los reclamos de renuncia.

En un hecho sin precedentes, las grandes firmas comerciales e instituciones financieras publicaron anuncios a página completa en respaldo a las manifestaciones de pueblo. Con su terquedad, el Gobernador era protagonista de una crisis política como nunca la había tenido el país. Tenía al pueblo de rehén. El País estaba en un limbo institucional.

Los más apáticos habían perdido el miedo y la renuencia a participar en demostraciones públicas o como decían algunos "a verse metidos en revoluces". El puertorriqueño y quienes se sintieran serlo, los de cualquier condición o estrato social, se hicieron visibles, se sintieron comprometidos y no tuvieron miedo a que se les viera en las primeras filas de las protestas. Pocas veces se tenía la oportunidad de ver pasar la Historia ante uno y con ello los cambios sociales y políticos y más aún, poder ser parte de ello. El "¡coño, despierta boricua!", reclamo de la canción homónima del cantautor Andrés Jiménez, al fin se asomaba como una realidad palpable.

Mientras, los líderes legislativos parecían caminar con los pies arrastrados y había que actuar con premura. Dilatar cualquier posible salida a la crisis los ponía en riesgo de pagar el precio de hundirse junto al Gobernador.

En las redes sociales Rosselló Nevares pasó a ser de "Ricardo El Resiliente" o "Ricardo El Enajenado" a "Ricardo El Atrincherado". Había dejado de ser el Gobernador para convertirse en el "inquilino de Fortaleza"… pero ni tan siquiera en la Mansión Ejecutiva podía estar.

La situación era insostenible. Ricardo Rosselló sometía al pueblo a un chantaje. "De casta le viene al galgo", predica el dicho. Su obstinación hizo recordar cuando estando su padre en la gobernación —el mismo que vestido a lo Pedro Navaja quiso pasar inadvertido cerca de periodistas reunidos en la Sala de Prensa— en un claro acto de provocación fue a recortarse con su barbero de toda la vida en un local de Plaza Caparra, justo al lado de las manifestaciones contra la venta de la compañía Telefónica de Puerto Rico que él impulsó. "Él también tiene necesidades de higiene", razonó su entonces Secretario de Prensa, Pedro Rosario Urdaz, ante los periodistas.

"A pesar de las dificultades que podamos tener... el trabajo continuará y se completará la agenda trazada en todas las áreas... No se renuncia al trabajo iniciado y hoy más que nunca, mucha gente cuenta con mi compromiso para ello", manifestó el Gobernador, en su estado de negación, en declaraciones escritas a mediados de julio.

***

La administración gubernamental había perdido toda credibilidad ante las autoridades federales. Al presidente Trump, que seis meses antes detuvo una ayuda de $6 mil millones a la Isla, las manifestaciones les vinieron como anillo al dedo, pues reforzaban su denuncia por el mal manejo de fondos de parte del Gobierno de Puerto Rico. Y no perdió ocasión para aludir a ello en su cuenta personal:

"El Gobernador se encuentra bajo asedio. La Alcaldesa de San Juan es una persona despreciable e incompetente en quien no confiaría en ninguna circunstancia y el Congreso de Estados Unidos dio tontamente 92 mil millones de dólares para el alivio de huracanes, muchos de los cuales se desperdiciaron... nunca se volvió a ver. Esto es más del doble de la cantidad otorgada a Texas y Florida combinados. Conozco bien a la gente de Puerto Rico y son geniales. Pero gran parte de su liderazgo es corrupto y roba a los ciegos del gobierno de Estados Unidos", escribió el mandatario estadounidense.

Sin embargo, Trump no dijo toda la verdad: incluyendo las partidas de emergencia de asistencia alimentaria, sólo se asignaron $49 mil millones para ayudar a Puerto Rico tras el paso del huracán María. De esa cantidad, se habían desembolsado $20 mil millones, no destinados necesariamente a proyectos de reconstrucción u obra permanente. El senador Marco Rubio resumió la situación en una oración: "La tarea de asistir a la Isla es más difícil mientras (Rosselló) siga en el poder".

No fue la única vez que en esos días Trump se pronunció sobre Puerto Rico. En un encuentro con la Prensa junto al Primer Ministro de Pakistán y a preguntas de periodistas, calificó a Rosselló Nevares como "un gobernador terrible... pero creo que la Alcaldesa de San Juan es aún peor. Ella es horrible. Mi gente no hizo más que quejarse de ella cuando les ayudamos con sus problemas del huracán. La Alcaldesa de San Juan es un espectáculo de horror, gravemente incompetente. Al mismo tiempo, el Gobernador no es bueno... Tienen un liderato totalmente incompetente y corrupto en Puerto Rico".

En tanto, el exvicepresidente y candidato presidencial demócrata, Joe Biden, se unió a su rival en la carrera eleccionaria al decir que: "los comentarios del gobernador Ricardo Rosselló son vergonzosos. El lenguaje de odio no debe ser protegido independientemente del título político. El pueblo de Puerto Rico será escuchado y decidirá quién dirige su gobierno".

De su parte, la exsecretaria de Estado, Hillary Clinton, también expresó su "respaldo a la gente de Puerto Rico mientras protesta en contra de la corrupción y el comportamiento deshonroso de su gobierno".

Al reclamo de renuncia se unieron en Estados Unidos la senadora y entonces precandidata presidencial, Elizabeth Warren; el senador y ex gobernador de Florida, Rick Scott; el presidente de la Comisión de Recursos Naturales del Senado, con jurisdicción sobre la Isla, Raúl Grijalva; el presidente de la Cámara federal, Steny Hoyer; el senador Bernie Sanders y los congresistas de ascendencia boricua Nydia Velázquez, Darren Soto, José Serrano y Alexandria Ocasio-Cortez.

En esos días, el Secretario de Estado, Mike Pompeo, realizaría una escala técnica en la Isla en un vuelo en ruta a Suramérica. Por su posición, Pompeo es el funcionario destacado por el Presidente a visitar regiones y países en conflicto en tiempos de crisis. La visita no parecía casual. Sin embargo, la breve estadía de Pompeo en la Isla fue cancelada a último momento.

***

Noche tras noche, las intensas protestas transcurrían entre estribillos y golpes de cencerros y panderos de plena. Al movimiento de resistencia popular se le empezó a conocer como "El Verano del '19" y hubo quien lo comparaba con otros levantamientos populares como lo fue la Primavera Árabe, la ola de protestas que entre el 2010 y 2012 se extendió desde Túnez a los países árabes vecinos en reclamo de democracia y cambios sociales.

El pueblo puertorriqueño alzaba su voz una vez más ante el mundo en un reclamo de más de 500 años. Pero a diferencia de la violencia de la insurrección de Lares en 1868, la revuelta nacionalista en 1950 y del ataque de cinco nacionalistas al Congreso en 1953, esta vez el llamado de indignación encontró cauce en la calle como sucedió en las marchas en defensa de la Cultura y el Idioma en 1993, por el retiro de la Marina en el 2000, la de la Dignidad en el 2004 y el Paro Nacional contra los despidos en el 2009, entre otros.

Pero en esta ocasión, el pueblo no sólo ocupó las angostas calles del Viejo San Juan, sino que el clamor se desbordó a carreteras, calles y avenidas de todo el país y a donde hubiera un nacido de esta tierra en cada rincón del mundo. Hubo gente que fue a todas las marchas y no faltó a ninguna de las manifestaciones en el casco sanjuanero.

A la entrada de la isleta, una guagua con altoparlante dejaba escuchar el éxito de "La Macarena", del dúo español "Los del Río", que se hizo tema en la campaña del gobernador Pedro Rosselló. Aquellos fueron "entrañables" tiempos: los del Tren Urbano, los del Centro de Convenciones, los del Superacueducto... "Se robaba, pero se veía obra", como se escucha en la calle. Tiempos en los que con un: "¡Baila, Pedro, baila!", se olvidaba uno de tó'j.

Ante el ataponamiento de tránsito, algunos preferían caminar hasta el Viejo San Juan entre reclamos como "Un pueblo unido, jamás será vencido"; "Ricky renuncia, el pueblo te repudia", "No más promesas", "Y si Ricky no se va, pues lo vamos a sacar".

La seguridad tuvo que ser reforzada en el perímetro cercano a la Mansión Ejecutiva. Unos manifestantes se las ingeniaron para sentarse en la calle y cubrir así un área extensa para impedir el tránsito desde y hacia La Fortaleza. En una movida coordinada, unos a otros se entrelazaron de brazos para reforzar la barrera humana y dificultar cualquier avance de la Policía.

Lo que separaba a los manifestantes de La Fortaleza, aparte de varios metros de distancia y la formación policiaca, eran las barricadas de metal, las rellenas de agua y las de cemento, que amanecían volcadas sobre el pavimento.

Como ocurría cada noche, se arrojaron adoquines y piedras. Algunos agentes se quejaron de que les lanzaron soluciones químicas que provocaron dermatitis.

Después de las 10:30 se observaba un patrón de comportamiento que se hizo repetitivo. Generalmente, los enfrentamientos comenzaban cuando un grupo o individuos en actuaciones aisladas iniciaban las provocaciones contra la Policía, que velaba por que no se cruzara el perímetro establecido. Los choques terminaban con el lanzamiento de gases lacrimógenos.

Bajo las sombrillas que colgaban sobre la calle Fortaleza, la joven Rocío Juarbe se interpuso entre el contingente de policías que quedó a sus espaldas y los manifestantes que tenía a distancia prudente de frente. "¡No tiren!, ¡No tiren... ni de un la'o ni del otro!", pedía, con los brazos en alto y a gritos, para dejarse oír.

"¡No tiren!", repitió por tercera vez, al tiempo que del coraje y frustración arrojó una botella plástica contra el suelo. Pero entonces, desde la formación policiaca tras de ella salió un chispazo. Una bala de goma hizo blanco en su espalda. La muchacha, que no presentaba amenaza alguna para los policías, se volteó hacia ellos anonadada. Esta vez, otra bala de goma la alcanzó de frente, haciéndola tambalear y desistir de su intercesión pacífica, saliéndose del medio. No hubo provocación para la acción de la Policía, lo que desencadenó la furia de los que protestaban al grito de "¡Cabrones!, ¡abusadores!" Como ella, fueron decenas los perjudicados por los disparos de balas de goma, algunos viciosamente.

Un helicóptero sobrevolaba a baja altura para alumbrar calles y rincones con un reflector. El comisionado de la Policía, Henry Escalera, había dado el ultimátum. Poco antes de la medianoche las libertades de asociación y de expresión protegidas por la Constitución tendrían los minutos contados. Generalmente, un oficial a cargo hacía varias advertencias de desalojo de las calles antes de que se iniciase el operativo policiaco. La mayoría de las veces, el llamado era precedido por una sirena de alarma, pero en ocasiones parecían obviarse esas advertencias previas al lanzamiento de gases, como si fuera un "toque de queda de facto".

Algunos vecinos se asomaban a los balcones y clamaban a la Policía para que dejaran de tirar gases. "Aquí hay niños y hay personas mayores. Tienen que entender que hay familias a las que les están haciendo daño…", rogaba a toda voz una señora desde el balcón de un segundo piso.

Inevitablemente, los ánimos se caldeaban y se iniciaba la estampida. Para ponerse a salvo y evitar quedar atrapado en la nube tóxica, había que abrirse paso entre cientos de manifestantes y no perder el equilibrio al correr sobre el irregular pavimento de las calles adoquinadas y por momentos resbalosas. Se intentaba huir a donde se pudiera. Algunos socorrían a los que tras un traspié caían por el desnivel de las calles. Otros echaban agua o leche a los ojos de los afectados por la nube de gases que se extendía por varias cuadras. Los gritos de rabia por las acciones de la Fuerza de Choque eran ahogados por el ardor en la garganta.

En otros lugares de la vieja ciudad, el calor sofocaba y la humedad lo hacía insoportable. Pero el festivo ambiente y la euforia con que se cantaban las consignas y se hacían sonar pitos, pleneras y cencerros no hacía pensar en eso.

"Yo de aquí no me voy hasta que ese cabrón hijueputa se vaya", decía una joven con una camiseta que leía "Estoy emputá" y que en el fragor de las protestas buscó refugio en un pequeño hueco formado entre la pared exterior y la puerta cerrada a la entrada de una residencia.

Momentos antes de que la situación se saliera de control, como habitualmente ocurría, los efectivos de la Unidad de Operaciones Tácticas marcharon en formación hasta la esquina de las calles Fortaleza y Del Cristo. Sus pasos sobre los adoquines producían un sonido seco que hacía eco al chocar con las paredes de los edificios a los lados. Entonces, una de las manifestantes con cacerola a mano, empezó a golpear el recipiente con un cucharón marcando a su vez el paso de los guardias, mientras acercaba el utensilio con la cacerola a la cara de los impasibles agentes.

Se repetía la historia: lo que siguió fue una lluvia de piedras, botellas plásticas y más pedazos de adoquines que volaban como proyectiles. Más lejos, calle arriba, una botella de gas lacrimógeno rompió el cristal trasero de un automóvil estacionado a orillas de una de las calles, lo que provocó un incendio. El vehículo, propiedad del estudiante Robby Santiago, resultó en pérdida total. Esa noche, la refriega dejó un saldo de 21 heridos y cinco detenidos.

A raíz de los eventos, el tramo final de la calle Fortaleza, epicentro de los enfrentamientos, se identifica ahora como Calle de la Resistencia. Los manifestantes alteraron también la placa de identificación de la Calle del Cristo para llamarla la Calle del Corrupto. "La Calle Cristo ya no tendrá Cristo. La Calle Fortaleza ya no tendrá Fortaleza…", escribió el escritor y profesor universitario Cezanne Cardona en una columna de opinión publicada en aquellos días.

Otras demostraciones fueron convocadas en comunidades en Estados Unidos con gran concentración de puertorriqueños, como las celebradas en la Estación Central de Nueva York; en Humboldt Park en Chicago; frente a la oficina de Asuntos Federales de Puerto Rico o en las inmediaciones de Lake Eola, en Orlando; y en la capital federal, las que acapararon la atención de prestigiosos periódicos como el New York Times, el Washington Post y el Orlando Sentinel.

Para la cobertura de las protestas, la cadena televisiva CBS destacó en Puerto Rico a su reportero David Begnaud, que meses antes había trabajado en la cobertura noticiosa del huracán María. El joven periodista llegó a identificarse tanto con el País que fue "adoptado" por los puertorriqueños como "el primo David". En redes sociales circularon memes en los que lo comparaban con el "santo patrón" religioso de las protestas.

Eventos similares fueron efectuadas en México, en las ciudades españolas de Madrid y Barcelona, y en lugares más distantes como Grecia, Rumanía e Italia. Bastaba con que hubiese un boricua en cualquier lugar del mundo para que con bandera en mano dejara sentir en las redes su apoyo a las manifestaciones. Esto arrancó más de una lágrima en algunos nostálgicos. Hubo quien sintió alguna culpa por no poder estar entre los suyos en ese momento histórico y hubo también quien no pudo resistir y voló a la Isla para unirse a las manifestaciones.

La comunidad puertorriqueña fuera de la Isla constituyó un 40% de la participación del "#RickyRenuncia", de acuerdo con un estudio llevado a cabo por el profesor Danilo Pérez Rivera, de la Universidad de Puerto Rico, y los investigadores Christopher Torres Lugo, de Indiana University, en Bloomington y Alexis Santos Lozada, de Pennsylvania State University.

El estudio expuso que mientras el #RickyRenuncia se compartió millones de veces alrededor del mundo, el

#RickySeQueda sólo fue compartido por unas 6 mil personas en la Isla y el estado de Florida.

Los puertorriqueños adoptaron el "cacerolazo", la manifestación de protesta iniciada en Argentina y Chile y popularizada en toda América Latina y España. A las 8:00 p.m. se escuchaba en todos los rincones del país el retumbe de cucharones al golpear contra cacerolas, ollas y sartenes.

El acto pasó de ser un gesto solitario en alguna esquina a encontrar eco en el vecindario más cercano, o de extenderse a todos los confines de la Isla, a ser imitado en otras comunidades de puertorriqueños en el mundo.

***

A mediados de julio, varias empresas de cruceros decidieron no atracar sus barcos en el puerto de San Juan debido al riesgo que conllevaba el ambiente de protestas. Eso tuvo un innegable impacto en una contraída economía maltrecha desde la crisis del 2005 y que parecía no arrancar debido, entre otros factores, a una merma de 15% de la población, una quiebra gubernamental, la sindicatura federal, actos de despilfarro y la corrupción gubernamental y el impacto de los huracanes Irma y María.

Esto afectó los negocios del casco viejosanjuanero, acostumbrado a recibir desde turismo de cruceros al público de grandes celebraciones, como lo han sido la Regata Colón y las fiestas de la calle San Sebastián. Además, algunos comercios se vieron obligados a cerrar más temprano, pues además se dificultaba el transporte y entrega de mercancía.

El economista Gustavo Vélez estimó que las pérdidas económicas tras las protestas pudieran estimarse en $582 millones, teniendo en cuenta como punto de partida que en 2018 la economía produjo $101,131 millones a un promedio de $1,942 millones semanales.

"To'as las paredes dicen "Ricky vete", (Ey)
Y no es vandalismo.
Vandalismo es que nos tiremos nosotros mismos,
Por defender a los que nos llevaron al abismo."

René Pérez – Afilando los cuchillos

Las fachadas de algunos negocios del casco capitalino sufrieron daños, algunos por vitrinas rotas o por cortinas vandalizadas y otros por grafiti con mensajes en pintura de aerosol como "¡Ricky asesino!", "¡Despierta, Boricua", "¡Gobierno asesino!" y "¡Ricky cabrón!"

***

A primera hora del martes 16 de julio, el Gobernador citó a una conferencia de Prensa de tema libre en el Salón del Té en La Fortaleza. Ese día regresó la primera dama, Beatriz Rosselló, del fallido viaje vacacional familiar. A ella se le mantuvo fuera de ojo público en los primeros días de la crisis hasta que no hubo más remedio que exponerla al escarnio público. Pero eso sería días después....

Flanqueado por el comisionado de la Policía, Henry Escalera y por el director de Seguridad Pública, Elmer Román, Rosselló Nevares defendió la actuación de la Policía al lanzar gases lacrimógenos a los manifestantes.

"Si bien es cierto que yo voy a estar aquí para proteger el derecho a la libre expresión... no podemos proteger lo que sería el vandalismo, la agresión y la violencia", manifestó.

Se olvidaba el Gobernador que a esa hora circulaban en la televisión y en redes sociales videos provistos por ciudadanos, en los que se veía claramente que fue la Policía quien actuó primero la noche anterior al lanzar gas pimienta y gas lacrimógeno a los manifestantes. El gas lacrimógeno se vende exclusivamente a funcionarios de ley y orden, lo que puso en duda la versión oficial de que fue lanzado por quienes protestaban.

Pero la sorpresa de esa conferencia de prensa la dio Rosselló Nevares cuando se autoexoneró de cualquier violación a la ley que se infiriera en el chat. El Gobernador anunció que había ordenado una supuesta "investigación privada personal" pagada de su bolsillo, pero nunca reveló el nombre del contratado ni las conclusiones del estudio encomendado. De acuerdo con él, el estudio sólo concluyó que cometió "actos impropios", como si fuese solamente un asunto de expresiones indebidas o malas palabras.

En esa ocasión, Rosselló Nevares rechazó comentar sobre la propuesta del residenciamiento al calificarlo como "una hipótesis" del momento y aseguró que los cuerpos legislativos no le habían pedido la renuncia. La de ese martes sería su última conferencia de prensa.

Ante la ausencia de apariciones públicas del mandatario, el equipo de Comunicaciones buscaba reforzar la aparente presencia del Ejecutivo con la divulgación de fotografías en las redes sociales oficiales. Pero los errores de estrategia se multiplicaron.

Rosselló Nevares no lo comentó a los periodistas, pero de ahí se encaminó a Lares, en donde haría otra escala de su "Perdón Tour". Pero de eso hablaremos más adelante.

***

Ese día, la ilustradora puertorriqueña Mariela Pabón convocó mediante su cuenta de *Twitter* a una iniciativa llamada #RickyTeBote, con la que retó a los más atrevidos.

"Busca tu oficina de gobierno más cercana y baja el retrato oficial del Gobernador. Tómale una foto en el piso o pide a alguien que te filme haciéndolo. Mientras más gente lo haga, mejor", era la directriz.

El acto no era nuevo. Meses antes, una ciudadana frustrada ante una gestión gubernamental había tirado al piso una foto del Gobernador. En aquella ocasión, la mujer fue arrestada, pero no se le halló causa por daños agravados.

Era mediodía. No había pasado una hora desde que concluyó la conferencia de prensa. Un trío de mujeres de mediana edad buscaba un lugar de mucho público para realizar su hazaña. Doris Acevedo, una coronel retirada de la Guardia Nacional y la maestra retirada Abigaíl Ramos, le seguían el paso a la abogada Lourdes Muriente. Las mujeres se hicieron acompañar de otros que grabarían la osadía.

La foto oficial del Gobernador estaba a la vista de todos. Pero en la sala de espera un guardia de seguridad las hizo dudar de seguir adelante. El hombre se les acercó y les preguntó por la razón de su visita. Ellas le aseguraron que harían una gestión de licencia. Tras eso, cruzaron el salón y sacaron la foto, no sin pasar algún trabajo...

Al darse cuenta, el guardia las regañó e intentó quitarles el retrato. Los allí presentes se percataron de la escena. Entonces,

Muriente se volteó hacia ellos y mostrándoles la foto, les preguntó:

"¿Quién se siente representado por este sinvergüenza? ¿Quién está indignado? ¿Ustedes se sienten representados por este bandido?"

"¡Bótalo!, ¡bótalo!", instigaban algunos a coro.

Un sacerdote con sotana negra que estaba sentado en la primera fila se paró y advirtió al trío de mujeres que su atrevimiento era una falta de respeto. Un señor que le acompañaba le dio la razón al religioso. En tanto, una de las mujeres trató de arrebatarle la foto al guardia.

En el escarceo, Lourdes Muriente alzaba la voz para dejarse sentir.

"¡Éste es un charlatán, es un charlatán!". "¡Éste no nos representa! ¡Éste es un charlatán!", gritaba.

La escena se tornó surreal, digna de una comedia de humor negro. De un lado, la mayoría de los presentes en la sala de espera coreaban expresiones de apoyo a las mujeres y otros se les acercaban identificados con la protesta. Del otro lado, el cura, su amigo y el guardia eran minoría y llevaban las de perder.

"¡Llamen a la Policía!", sugirió un empleado.

Un gerencial finalmente arrebató la foto a las mujeres y al guardia y se la llevó a una oficina interior. La gente coreaba entre risas y aplausos:

"¡Llévatelo!, ¡Llévatelo!, ¡Llévatelo!"

Cumplida su encomienda, las mujeres salieron. Envalentonadas querían repetir su hazaña en una oficina cercana del Departamento de la Familia. Y allá se dirigieron entre risas. Una de ellas recordó un reguetón de moda al que las demás hicieron coro:

"¡Te boté, te boté, te boté...! ¡De mi vida lo saqué...! ¡Te boté!, ¡te boté!, ¡te boté! Te di banda y te solté..."

Como ellas, otras personas se unieron a la convocatoria de descolgar fotos de cuarteles u oficinas gubernamentales.

Para Lourdes Muriente, el acto fue una pequeña victoria y una cuestión de honor personal. La abogada fue esposa del líder independentista Carlos Gallisá, quien el mismo día de su muerte fue objeto de mofa en el chat. Gallisá falleció a causa de un cáncer que lo hizo retirarse del programa radial Fuego Cruzado, en el que se mantuvo por 22 años como analista político.

"De la muerte de los puertorriqueños, yo no me río
PR está encabronao', Ricky estás jodío
Y que se enteren to's los continentes
Que Ricardo Rosselló es un incompetente
Y que se enteren to's los continentes
Homofóbico, embustero, delincuente
A ti nadie te quiere, ni tu propia gente."

René Pérez, Afilando los cuchillos

Entre bromas, los asesores del Gobernador cuestionaron el protocolo del duelo oficial que se debía observar en las instalaciones gubernamentales. "Hellouuuuu, como bajen esa bandera me pego...", advirtió Carlos Bermúdez. "Las banderas estarán hasta ¼ de asta por seis horas", sugirió Alfonso Orona, exasesor legal del Gobernador.

El exsecretario de Asuntos Públicos, Ramón Rosario, bromeó con que fuese a media asta pero por 10 días, a lo que el asesor en comunicaciones, Rafael Cerame, sugirió que fuera sólo por 15 minutos.

"Fue una gran pérdida para la demagogia periodística puertorriqueña", se lee en el chat.

Gallisá no fue la única figura política agraviada en el chat tras su muerte. De igual forma ocurrió con la líder independentista Marta Font de Calero cuando a la pregunta de cuánto duelo habría que guardar tras su fallecimiento, Rafael Cerame respondió: "Un nano segundo".

***

Como ya se había adelantado, después de la conferencia de prensa, Rosselló Nevares se encaminó a la residencia de Wilfredo Santiago, el joven lareño voluntario de su avanzada política, que por su condición física fue humillado por el Primer Ejecutivo.

Es en la página 579 del chat en la que se lee que el 28 de diciembre de 2018 el asesor de Comunicaciones, Carlos Bermúdez, publicó una foto del Gobernador dándole la mano al voluntario. Al ver la imagen, Rosselló Nevares se compara con el joven y responde: "No estoy más flaco, es la ilusión óptica". Luego, haciendo alusión a la Ley de Gravitación Universal que describe la interacción gravitatoria entre cuerpos con masa, remata con un: "Todavía estoy ahí; es mi 4ta. rotación. Genera un campo de gravedad muy fuerte".

El viaje a Lares no se hizo al azar. El voluntario de la avanzada había accedido a recibir al Gobernador en su casa. Pero Rosselló Nevares no fue solo. Se hizo acompañar de un fotógrafo que capturó la imagen del abrazo conciliatorio. Gran parte del país vio en la foto un acto de hipocresía a pesar de que el joven ofendido aceptó el gesto.

Pareció que con eso quedaría atrás el daño que pudo causarle esa ofensa a un joven que —con la ilusión de que su mundo va a mejorar— se tiró a la calle como otros tantos para trabajar por el Partido y por su líder principal durante la campaña electoral. Quién sabe si con esa misma ilusión y orgullo mostró a sus familiares y amigos la foto en la que estrechaba la mano al Gobernador.

Después de revelarse esa ofensa en el chat, reinaba la desconfianza entre los que fueron seguidores del Gobernador. Nadie querría en adelante una foto con él para no quedar expuesto a humillaciones.

***

Era media tarde... El Gobernador estaba de regreso a la capital. A esa hora temprana, el casco sanjuanero estaba "tepe a tepe". En la calle San Francisco, la profesora Carmen Irma García se asomó al balcón, como lo hacían otros tantos vecinos de la ciudad amurallada. De pronto, empezó a hablar a los que estaban abajo, más próximos, protestando en la calle. Algunos se percataron del gesto y trataron de prestar atención, pero el ruido de bocinas presurizadas, los panderos de plena y cencerros ahogaba el mensaje. Poco a poco, el ruido fue cediendo y todos abajo en la calle pudieron escuchar.

"Este gobierno es una pudrición ... una pudrición. Cuando ustedes protestan, les tiene las calles cerradas porque les tiene terror", les decía desde el balcón.

Los manifestantes descubrieron que la señora estaba del lado de ellos. Cada pausa en su mensaje, era respondida con vítores, bocinazos y golpes de cencerros. Entonces, ella aprovechó para interceder por los policías.

"¡Vamos a salir adelante... No les falten el respeto a ellos porque a ellos yo los conozco... Ellos también son gente decente", les aconsejó a gritos.

"¡Que se unan!", gritó uno desde la calle. El llamado fue respondido repetidamente por los demás.

"¡Policía únete, únete, únete! ¡Policía únete, únete, únete!"

La profesora hizo ademán con el brazo para pedir silencio.

"Los arrestos que vienen van a ser grandes. Ya el director del FBI dijo que van a ser grandes..."

Esto último fue como encender una chispa y despertó la algarabía en los manifestantes que siguieron en su cruzada de protestas entre reclamos y coreografías improvisadas.

La etiqueta #RickyRenuncia tuvo su momento pico a las 11:00 p.m. de ese 16 de julio, en momentos de un violento enfrentamiento en que agentes de la Unidad de Operaciones Tácticas y la Unidad Antimotines del Departamento de Corrección y Rehabilitación intentaban dispersar las protestas en las inmediaciones de La Fortaleza, y a sólo horas de la convocada Marcha del día siguiente desde el Capitolio.

Esa noche, como la mayoría de las ocasiones, los reporteros gráficos asignados a la cobertura no tuvieron oportunidad para editar las tomas de video, y las emisoras de televisión interrumpieron su programación nocturna para transmitir en directo los violentos enfrentamientos.

"Con el puño arriba, a la conquista
No nos va a meter las cabras un pendejo de Marista".

René Pérez, Afilando los cuchillos

La publicación de una carta de la Asociación Puertorriqueña de Exalumnos Marista, el miércoles 17 de julio, tuvo que ser un golpe fuerte para el Ejecutivo que es egresado de esa prestigiosa institución. La organización se distanció del que fuera uno de sus miembros más distinguidos y le pedía la renuncia al cargo más alto del País.

"Queremos expresar nuestro total repudio al comportamiento y expresiones del Gobernador", manifestaron en la comunicación pública, a la vez que aseguraron que sus actos, es decir, las conversaciones en las cuales se mofa de diversos sectores "no representan el sentir de nuestra comunidad de exalumnos".

Como si fuera poco, ese día un reportero de la televisión estadounidense, que evidentemente no dominaba el español, se le ocurrió leer en el aire algunos de los comentarios que posteaban los televidentes en la transmisión de la protesta frente a La Fortaleza.

"I shot a video posted by Maria Colón... She said: Ricky mamabicho. I don't even know what 'mamabicho' means."

Fue entonces cuando le advierten por el auricular del significado y rectifica avergonzado:

"Oh, it's a curse, it's a nasty word... I'm not going to translate it for you..."

***

El quinto día de protestas coincidió con la convocatoria a la marcha desde el Capitolio hasta la Plaza del Quinto Centenario. Aunque la convocatoria fue una multisectorial, fueron miembros de la clase artística como el exponente urbano René Pérez y el locutor radial Jorge Pabón, conocido como El Molusco, los que aprovechando el arraigo entre sus seguidores atrajeron gran parte de los asistentes. Molusco estaba molesto, según expresó públicamente, porque meses antes dejó a un lado su aversión política para ayudar a las iniciativas impulsadas por el Gobernador y la Primera Dama en la recuperación de María, que luego quedaron en entredicho.

Temprano esa mañana, René Pérez estrenó un trabajo musical que compuso en colaboración con su hermana Ileana (Ilé) Cabra y el trapero Bad Bunny, cuyo nombre de pila es

Benito Martínez. El exponente del trap, que con su ojo visor en la frente y sus letras (¿de canciones?) de un solo tono, era el fenómeno musical del momento, había suspendido una gira para estar presente en las manifestaciones.

Meses antes, René y Bad Bunny se presentaron en una madrugada frente a los portones de la Fortaleza para visitar al Gobernador, quien les recibió en pantalón corto, gorra y calzado deportivo, a pesar de que el encuentro fue sin aviso previo y lo sorprendieron durmiendo. Los exponentes grabaron en un video su acercamiento a la caseta de seguridad de la Mansión Ejecutiva y, ya adentro, hablaron por un par de horas y hasta el amanecer sobre estrategias contra la criminalidad, entre otros temas. El Gobernador se tomó varias fotos con ellos y éstos aprovecharon para retratarse en la Oficina Ejecutiva. Algunas fotos las postearon al revés en sus cuentas.

Con el título "Afilando los cuchillos", la composición era un llamado a la gente para salir a las calles.

"Esto salió temprano para que te lo desayunes", advierte Residente en su trabajo musical, cuyo texto es una radiografía del malestar con la administración de Rosselló.

[Residente]

Dale tamo' afilando las navajas, dale, llegó el afilador de navajas
Llegó la hora de un combo de miles en motoras
patrullando las 24 horas, boricua de cora'
Con el puño arriba, a la conquista
No nos va a meter las cabras un pendejo de Marista

Según este compadre, mi mai junto con todas las mujeres
Son igual de putas que su madre
Tú no eres hijo del cañaveral, escoria
Tú eres hijo del cabrón más corrupto de la historia

Disculpen mis expresiones
Pero al igual que Ricky, estoy liberando las tensiones
Le doy fuego a la Fortaleza como se supone
Y al otro día voy a la iglesia pa' que me perdonen
Aquí en El Monte, heredamos el mismo pecho
Tus disculpas se ahogan con el agua de la lluvia
En las casas que todavía no tienen techo

Tú no heredaste pecho, tú heredaste un patrimonio
Y a ti por la noche te persiguen los demonios
En la familia que mataste, destruiste un matrimonio
Esto va por Lilliam, y su hijo Juan Antonio
Esto va pa' que despiertes
Esto va por las cuatro mil seiscientas cuarenta y cinco muertes
La hipocresía del país en general
Tirar piedras en Venezuela está bien, pero en Puerto Rico está mal
Esto va pa' los artistas internacionales

¿Y las banderitas de Puerto Rico en las redes sociales?
Ninguno de nosotros, los supuestos bandoleros
Está acusado de fraude, robo o lavado de dinero
Con todo lo que han robado estos politiqueros
Pintamos las paredes del Caribe entero
Y aunque esto no le caiga bien a la gente
Pa' decírtelo en un chat, pa' eso lo digo de frente

Se tiran a los caseríos, a los puntos 'e droga
Les rompen las casas y por ellos nadie aboga
Nosotros hacemos lo mismo sin delicadeza
A estos criminales, les hacemos una redada en Fortaleza
Si el pueblo entero quiere que te vayas, caradura
Y tú te quedas, entonces estamos en dictadura

Solo te apoya tu esposa, la exmodelo
La que piensa que Cien Años de Soledad la escribió Coelho
Y así son los pocos que te siguen, brutos
Pero tranqui', afilar navajas, toma un minuto
Somos el rugido
De la bandera de Puertorro con todos sus tejidos

Carlos Rubén Rosario

Exigiendo tu renuncia, pa' que nadie salga herido
To' el mundo unido, no importa el color de tu partido
Esto salió temprano, pa' que te lo desayunes
La furia es el único partido que nos une

[iLe]

Vamos cortantes, como lo' cuchillos
Sacando chispa hasta llegar al filo
Hay que arrancar la maleza del plantío
Pa' que ninguno se aproveche de lo mío

[Bad Bunny]

El pueblo no aguanta más injusticias
Se cansó de tus mentiras y de que manipules las noticias
Ey, ey, todos los combos, los caseríos somos nuestra milicia
Ya no nos coges de pendejo
Eres un corrupto que de corruptos coges consejos

Arranca pa'l carajo y vete lejos
Y denle la bienvenida a la generación del: Yo no me dejo
Y quizás tú hablas en tu grupo como yo en el mío
Pero yo no tengo fondos públicos escondi'os
De la muerte de los puertorriqueños, yo no me río

PR está encabronao', Ricky estás jodío
Y que se enteren to's los continentes
Que Ricardo Rosselló es un incompetente
Homofóbico, embustero, delincuente
A ti nadie te quiere, ni tu propia gente

Vamo' a prender en fuego a tu gabinete
Los títeres, guarden las cortas y saquen los machetes
La cuna de las crías, con el boricua nadie se mete
To'as las paredes dicen: Ricky vete (ey)

Y no es vandalismo
Vandalismo es que nos tiremos nosotros mismo'

Por defender a los que nos llevaron al abismo
Vandalismo es que siempre voten por los mismo'
Y se roben to's los chavos de educación
Mientras cierran escuelas y los niños no tienen salón
Ey, es hora de sacar la' rata'
Que se vaya Ricky, que se vaya el otro, que se vaya Tata
Y no se trata de hablar malo en las conversaciones
Malo hablo yo en mi casa y en to'as mis canciones
Se trata de que le has mentido al pueblo con cojones
De que escondiste las muertes con to y los vagones
Te burlaste de nosotros con otros cabrones
E hiciste que el país entero se encojone
Manipulación, corrupción, conspiraciones
Ricky, renuncia y a tu mai que te perdone
Yo no, Yo no

[iLe]

Vamos cortantes, como los cuchillos
Sacando chispa hasta llegar al filo
Hay que arrancar la maleza del plantío
Pa' que ninguno se aproveche de lo mío

En una parte de la composición que se le atribuye a Bad Bunny se escuchó por primera vez la frase "la generación del yo no me dejo", para describir a los manifestantes más jóvenes. El trapero, con grandes lentes oscuros y su característica mascarilla amarilla tuvo un papel protagónico en la manifestación, como otros exponentes del género *"underground"*. Tanto es así que un meme leía: "¡Ricky renuncia! ¡Vas a hacer que me guste el reguetón!"

Todos se tiraron a la calle: los *"centennials"* o la llamada generación Z, que nacieron después de la crisis económica al final del siglo pasado, cuestionan lo establecido, y no creen en la fidelidad a partidos políticos. Estaban allí los *"millennials"*,

157

que nacieron sin miedo porque no tuvieron mejores tiempos para comparar. Al hacerse adultos con la llegada del siglo 21, creen en el emprendimiento laboral y salen a la calle "con un cuchillo en la boca". También se dieron cita los ya mayorcitos *"babyboomers"*, que nacieron después de la Segunda Guerra Mundial y vieron a padres y abuelos migrar a comunidades de Estados Unidos.

El pueblo había perdido el temor, la sensación paralizante a la que aludió la fenecida primera dama Inés María Mendoza cuando en otro contexto histórico gritó su famosa frase: "¡Sin Miedo!" La conciencia nacional se había avivado como nunca.

La única instrucción era no llevar banderas partidistas y que no se permitirían protagonismos políticos. Sin embargo, entre cientos de banderas de Puerto Rico se asomaba una roja y negra con la imagen del Che Guevara.

Dejando aparte la rapidez y efectividad de la convocatoria espontánea en redes sociales para la marcha, no hubo tiempo de coordinar, ni ujieres, ni logística policíaca, ni zafacones y mucho menos la colocación de inodoros portátiles.

Frente al Capitolio, la multitud esperaba el llamado de salida bajo un candente sol. Allí el activista Tito Kayak, electricista de oficio, trepó el asta en que estaba colocada una bandera de Estados Unidos. Entre bocinazos, golpes de cencerros y aplausos, la gente le daba ánimo: "¡Tito, Tito, Tito!" El manifestante resbaló en un primer intento. Hubo gritos ahogados de quienes lo veían. "¡Cuidado que se cae!", advirtió uno.

El hombre venció la dificultad. Curiosamente, estando a media asta a punto de alcanzar su objetivo, se puso una capucha como si fuera un personaje ficticio que tuviera que cuidar su identidad. El activista amarró de la bandera de Estados Unidos una lona blanca de la que se dejó ver su mensaje que leía "#RickyRenuncia / Fuera de la Gobernación".

Era la hora crepuscular y la calle ardía. Había humedad en el ambiente, y salvo la aparición de una que otra sombra refrescante en el camino, la opción era salir adelante. Los más agraciados marchaban cubiertos por una gigantesca bandera nacional que se extendía sobre las cabezas de poco más de un centenar de personas. Los rayos solares impregnaban de tonalidades anaranjadas las fachadas de las casas y los muros de la antigua ciudad y sus fortificaciones. Los marchantes iban de buen ánimo…

"… las heridas quemaban como soles a las cinco de la tarde …"

Algunos manifestantes cargaban un féretro, símbolo del "cadáver político" que decían era el Gobernador.

"¡Una bullaaaaa!, pedía uno, lo que era respondido con un bullicio de la masa. Ya llegaban a las inmediaciones del Castillo San Cristóbal cuando al toque de plena, la multitud cantaba: "¡Somos más... y no tenemos miedo!". Entre gritos de reclamo y cartelones, vociferaban: "Si Ricky no se va, lo vamos a sacar..." Algunos residentes de la isleta se asomaban por ventanas y balcones, y agitaban banderas y carteles con mensajes al paso de la masa humana.

Los cálculos de asistencia más liberales estimaron entre 100 mil a 250 mil personas las que respondieron a la convocatoria. En tanto, y siendo más liberal, el ingeniero mecánico Arturo Hernández, conocido popularmente como DJ King Arthur, se aventuró a calcular unas 500 mil personas, utilizando para ello su experiencia en ingeniería y la aplicación Google Earth.

Caía la noche. En la Plaza del Quinto Centenario, entre la lectura de declaraciones y manifiestos que invalidaban la gobernación de Rosselló Nevares, la clase artística también llevó su mensaje de denuncia a través de la música. Para el pueblo, sus artistas son figuras de indudable credibilidad, honor que no comparten con la clase política.

Allí estuvieron entre otros los cantantes Sie7e y Danny Rivera, el exponente PJ Sin Suela, la actriz Karla Monroig, el excampeón de boxeo Tito Trinidad y el actor Benicio del Toro. En unos altoparlantes se escuchaba el tema "Sucio", en el que el rapero Vico C denuncia en su letra: "Voy a tirar al medio la élite, sucio, fango de la gente ricachona..."

"Como puertorriqueños debemos seguir luchando porque si joden los vamos a sacar... Es una falta de respeto a nuestras comunidades. El único ideal que hay aquí es la molestia y el respeto...", manifestó al micrófono el intérprete urbano René Pérez. Su camiseta negra tenía en contraste la imagen en blanco de la cúpula capitolina sobre un mensaje que leía "Arranquen pa'l carajo".

A su lado estaba el cantante Ricky Martin, quien interrumpió compromisos y viajó desde Los Ángeles. El astro mundial denunció que "no somos unos cabizbajos. Estos líderes no nos representan. Pero si nuestros líderes son tan mierda, nosotros no podemos caer en eso". El también activista por los derechos humanos fue aludido en el chat en unas expresiones de corte homofóbico escritas por Christian Sobrino. "… es tan machista que se folla a los hombres porque las mujeres no dan la talla. Puro patriarcado".

En tanto, el cantautor Tommy Torres dio a conocer una nueva versión de su composición Querido Tommy. "Querido Ricky: Te escribo esta carta. No sé si has entendido bien las cosas. El pueblo está tan decepcionado. Lo correcto sería hacerte a un lado. Esto ya no tiene marcha atrás. ¿No lo ves en las caras de la gente? Ya no está la confianza pa' que gobiernes..."

En un momento solemne, el cantautor Antonio Cabán Vale "El Topo", subió a la guagua de sonido que servía de plataforma para entonar su emblemática danza Verde Luz. Cientos de los asistentes le acompañaron entonando la melodía, con las linternas encendidas de sus celulares que ondeaban mientras cantaban.

Durante el acto, también fueron leídas declaraciones de la cantante Lucecita Benítez, solidarizándose con el sentir del pueblo. "Me encuentro fuera del País pero, como siempre, enterada de todo lo que pasa y solidaria con las causas que nos afectan. Dado los últimos acontecimientos, que colmaron la copa de la corrupción y de la falta de respeto, el pueblo se ha expresado de manera contundente y yo apoyo a mi pueblo. Señor Gobernador: renuncie, usted no nos representa", manifestó la llamada Voz Nacional de Puerto Rico.

Fuera de la Isla, otros exponentes del género urbano, como Daniel el Travieso y El Guayna, expusieron camisetas con la etiqueta #RickyRenuncia durante la premiación de los Premios Juventud que la cadena Univision transmitió a Estados Unidos y a la América hispana. En el acto de premiación, el reguetonero Daddy Yankee no tuvo reparo en expresar su decepción con la situación en la Isla: "Mi corazón está en mi tierra, Puerto Rico... Al Gobernador: renuncie a su cargo. Entregue el poder pacífica, razonable y diplomáticamente. Dele paso a nuevos líderes para que dirijan nuestra nación de manera correcta... Sigamos manifestándonos con coraje, pero con sabiduría".

El comediante Raymond Arrieta, no acostumbrado a verse involucrado en asuntos políticos, publicó una carta en cuyas líneas se resume el sentir de muchos:

"Al igual que a la mayoría de ustedes, a mí me frustran... la falta de sensibilidad ante la muerte de nuestra querida (periodista) Keyla Hernández, las burlas a la comunidad Lésbica, Gay, Transexual, Transgénero y Queer (LGBTQ) y el abuso a la educación y a la salud de nuestra gente... Precisamente por respeto a todos los ideales casi nunca me expreso... Pero en esta ocasión ya es demasiado, es momento de decir ¡basta!

Es imprescindible que el Gobernador permita una transición pacífica, digna a este pueblo, que evite llevar al país a un lugar más difícil y complicado del que estamos ahora. Me uno al reclamo de todos los sectores... y al pueblo soberano y le pido que renuncie a su posición".

Entre otras pancartas vistas en el acto de clausura, hubo mensajes que leían: "Sólo falta que nos quiten lo bailao", en referencia al robo millonario por el que por años se ha acusado a funcionarios del gobierno; "La furia es el único partido que nos une" y "Si no hay justicia para el pueblo, que no haya paz para el gobierno", una cita del revolucionario mexicano Emiliano Zapata.

El estribillo "No tenemos miedo, no nos vamos" fue repetido a coro al concluir el multitudinario acto en la Plaza del Quinto Centenario. De allí, muchos de los asistentes se allegaron al núcleo de las manifestaciones.

"¿Dónde está Ricky?, Ricky no está aquí. Ricky está vendiendo lo que queda del país...", cantaban varios grupos a coro cuando iban cuesta abajo en la parte alta de la Calle del Cristo. En las inmediaciones de La Fortaleza, se había redoblado en número el contingente de agentes que vigilaba el acceso a la Mansión Ejecutiva.

***

Esa madrugada, unos 3 mil motoristas invadieron la isleta de San Juan en una demostración de apoyo a los manifestantes. La convocatoria la realizó un aficionado al motociclismo conocido en esos círculos como "Rey Charlie".

En los medios de comunicación, las informaciones sobre las protestas ocupaban cada vez más tiempo y espacio, relegando otras noticias relacionadas con las artes y el ámbito cultural y la información financiera. El reportero Kefrén Velázquez lo sabía, pues regularmente está asignado a la cobertura deportiva. Por eso, no dudó en ponerse a disposición de su jefe Rafael Lenín López para la cobertura noticiosa de la caravana motorizada, ya que conocía a Rey Charlie. Lenín accedió, pero con una condición: "Tú irás montado en una motora".

Kefrén buscó un casco de protección y una mochila *LiveView (as Live)* que es una unidad portable de control remoto, y salió con un camarógrafo al punto de encuentro en el residencial Covadonga. Fue allí que el reportero fue testigo del control de situación que a lo largo de la ruta demostró Rey Charlie y el respeto que inspiraba entre quienes le seguían.

El joven de Trujillo Alto, cuyo verdadero nombre es Misael González Trinidad, daba instrucciones a sus seguidores en la entrada del residencial. El plan —les recordó— era reunirse con motoristas de otras comunidades en ruta a la isleta del Viejo San Juan. Rey Charlie se trepó en una guagua de sonido para "leerles la cartilla":

"Aquí todos tienen que seguir instrucciones. Nadie puede ir al frente, ni de Kefrén, ni de Ñengo, ni de Noriel, ni de mí. Y el que nos pase se tiene que ir… y nada de 'wileo' o regateo". La advertencia fue escuchada en la transmisión que Wapa Televisión inició en vivo y sin interrupciones desde ese momento, y que poco a poco esa noche capturó el interés de la teleaudiencia.

La caravana recorrió la avenida 65 de Infantería para llegar hasta la Piñero. Una escolta policiaca ayudó con el paso en las intersecciones. La gente salía de las casas y apartamentos a saludar el paso de los llamados "jinetes metálicos". Otros motoristas se unieron a la caravana a su paso por los residenciales López Sicardó, Manuel A. Pérez y Ramos Antonini y los sectores de San José y Cantera. Curiosamente, el Gobernador logró con eso lo que otras administraciones de gobierno no pudieron: una tregua en la guerra entre los residenciales.

Desde lo alto de los edificios en la zona de Santurce, era impresionante la vista de la caravana que se acercaba a la ciudad amurallada como si fuera un inmenso rayo de luz.

El reportero, que iba de pasajero en una de las motoras que encabezaba la marcha, tocó el hombro a su motorista para pedir que bajara la velocidad pues quería iniciar una entrevista en pleno recorrido. La maniobra era complicada. Había que ir a la par de otra motora en que el camarógrafo iba de pasajero. Tras hacer la pregunta, el reportero pasaba el micrófono al entrevistado que iba en una tercera motora, a riesgo de que chocaran los manubrios.

"Llegó la hora, de un combo de miles en motoras
Patrullando las 24 horas, boricua de cora'
Con el puño arriba, a la conquista…"

René Pérez – Afilando los Cuchillos

Esa noche el País no durmió. Eran las 12:37 a.m. cuando la caravana cruzó la intersección de los puentes San Antonio y Dos Hermanos a la entrada de la isleta. Los televidentes vieron cómo un jinete llevaba un caballo a galope a la par con la caravana que —en el tapón de tránsito— iba a una velocidad promedio de 25 millas por hora. La escena, digna de una película de acción, era objeto de bromas en las redes sociales.

El tránsito se detuvo por más de una hora. Era casi imposible seguir la marcha desde ese punto en dirección al casco sanjuanero.

Rey Charlie intentó negociar la entrada de la caravana al Viejo San Juan con el coronel Jorge Hernández Peña, jefe del Negociado de Tránsito. El reportero juzgó prudente acompañar al motorista.

Chunflen
@Chunflen

Cabrones, si Rey Charlie los lleva al Escambrón, abre el mar y lo siguen pa' Florida yo me voy a desmayar aquí. #RickyRenuncia

"Vengo con ellos y hasta ahora se están haciendo bien las cosas", intercedió Kefrén. "Entren, no se queden y salgan rápido", fue la directriz de la Policía. Era la oportunidad para seguir la marcha aún a riesgo de que, como las manifestaciones estaban caldeadas, la caravana quedaría atrapada si se tiraban gases lacrimógenos. Los automovilistas, que no creían que la Policía dejara pasar a las motoras, se apartaron un poco para dejarles paso.

"¡Llegó la caballería!", gritaban a relajo algunos conductores. Otros automovilistas y hasta los agentes que auxiliaban el paso del tránsito activaron las cámaras de videos de sus celulares para captar la impresionante escena. Al ver la descomunal entrada de los motoristas, otros conductores que bajaban de la isleta intentaban dar la vuelta para volver a la zona de las manifestaciones.

Desde la acera a ambos lados de la calle, cientos de personas —algunos residentes, otros que salían de la manifestación— capturaban en videos y fotos la entrada de los motociclistas por la avenida Muñoz Rivera de Puerta de Tierra y el desvío por la calle Norzagaray, en la parte alta de la isleta. En todo momento, el periodista se mantuvo narrando las incidencias de la ruta. Ya cerca de La Perla, la "comitiva" de recibo a ambos lados de la calle se hacía mayor y estaba más concentrada. Unos gritaban en señal de saludo, otros ondeaban banderas al paso de las motoras.

"La revolución será con los títeres o no será", era la leyenda de un meme en las redes sociales. La escena era el vivo ejemplo de eso.

Fue de madrugada cuando los jinetes de hierro a los que se les llamó en broma "el primer Regimiento de Infantería" hicieron su entrada al casco viejosanjuanero por el área de la Plaza del Quinto Centenario. El retumbar de las motoras era ensordecedor. Algunos hacían chillar la goma trasera sobre su eje. "No vamo' a descansar. ¡Estamos cansados del abuso, de la represión, que los gobiernos hagan lo que les dé la gana con el pueblo! ¡Hoy no somos colores! ¡Hoy somos Puerto Rico!", reclamó Rey Charlie al ser entrevistado en marcha —de motora a motora— a su llegada al Viejo San Juan. La "infantería" motorizada llegó hasta la esquina de las calles San Francisco y del Cristo en donde una formación de agentes les cortó el paso.

Pasada la medianoche, como ya era usual, la excusa policiaca para recurrir a los gases tóxicos era que la manifestación "no estaba cubierta por la Constitución de Puerto Rico". "¡Tienen cinco minutos para desalojar el área! "¡Tienen que desalojar!", alertó un agente con la ayuda de un megáfono, antes de que se produjeran los primeros choques de la noche.

Un incendio en un contenedor de basura cerca de la Casa de Gobierno amenazó con tornarse de mayores proporciones. La antigua ciudad tiene viejas líneas soterradas de conducto de gas. Una foto del hecho, tomada por David T. Díaz, en la que aparece en un primer plano una bandera puertorriqueña siendo ondeada y haciendo contraste de luces y sombras frente a la llamarada, se convirtió en una de las imágenes símbolo de las protestas.

"Se jodió la guagua de las noticias. Le entraron a peñonazos. Chico, así no se brega", dijo uno que venía calle abajo, desilusionado por las acciones de supuestos agitadores que desenfocaban el fin de las protestas.

Entre los incendios en contenedores, los daños a la propiedad y el lanzamiento de pirotecnia eran cada vez más comunes las sospechas de que en las protestas había policías infiltrados entre los manifestantes. Esto fue denunciado por la Unión Americana de Libertades Civiles. En uno de los casos, un enmascarado supuestamente se hizo retratar mientras rompía adoquines con un martillo. La imagen fue puesta en entredicho como una "simulada" y esto puso en duda que el sujeto fuera un manifestante. Igual pasaba al compararse la contextura física de algunos supuestos agitadores con la de cualquier asiduo de ir a las protestas.

Tras cada convocatoria a las actividades de protesta, la cantidad de asistentes era cada vez mayor. Así lo reconoció incluso el Subsecretario de la Gobernación, Erik Rolón, al día siguiente de celebrarse la marcha desde el Capitolio al Viejo San Juan. Sin embargo, el portavoz del Gobernador dejó claro que el mandatario no iba a renunciar. "No es que se aferre a su silla, se ha aferrado al compromiso que tiene con Puerto Rico", dijo el funcionario, dejando cierto aire de poesía en la explicación.

Sobre la multitudinaria marcha, el mismo Rosselló Nevares aceptó que:

> *"las manifestaciones... no han pasado desapercibidas (sic.) para mí, para mi familia y ciertamente para nadie en el pueblo de Puerto Rico. Fue una participación amplia que respeto, no sólo como un ejercicio democrático, sino como una manifestación natural del encono ante lo sucesos recientes. Mucha gente lo hizo de manera adecuada, la vasta mayoría. Otros eligieron los métodos incorrectos y de violencia, incluso con la utilización de armas, bombas molotov y otros explosivos, provocando heridos e impactando a oficiales de la Policía de Puerto Rico".*

A partir de ese momento no se le vio más en público.

***

En dos años de administración, el Gobernador no convocó a reuniones periódicas con el liderato de su partido. Además, falló al centralizar los fondos municipales dedicados a la recuperación tras el huracán María, dejándolos fuera de las manos de los alcaldes. Entre otras razones, esto le ganó antipatías y enemistades entre los suyos. Así que, para sus detractores, la bandeja estaba servida.

Al ver la magnitud de asistentes de la marcha del Capitolio al Viejo San Juan, los presidentes legislativos urgieron una reunión del Directorio del PNP con el Gobernador. Se hacía impostergable la petición formal de renuncia. La precursora del llamado lo fue la Comisionada Residente. Alcaldes, expresidentes del Partido y hasta exgobernadores se hicieron eco. Uno de éstos, Carlos Romero Barceló, no tuvo tapujos en calificar a Rosselló Nevares como un arrogante que no había respondido sus peticiones de reunirse con él.

Era evidente que la Mansión Ejecutiva operaba con el mínimo de empleados. La toma de decisiones de funcionarios clave estaba prácticamente paralizada ante la expectativa de los acontecimientos. Los empleados públicos lucían descontentos y no tenían la motivación de realizar tareas, con todo lo que esto implicaba para el resto del País.

El pasillo vehicular y peatonal de la Mansión Ejecutiva, el llamado Túnel de La Fortaleza, llevaba varios días clausurado. Todo eso contrastaba con la fuerte presencia policiaca y del personal de operaciones de emergencia.

En medio de la vorágine en torno al Palacio de Santa Catalina, Reina, la perra Husky de la Primera Familia, fue retratada por un fotoperiodista justo en los momentos en que intentaba llamar la atención con sus patas delanteras para que la dejaran entrar por una de las puertas al interior de la Mansión Ejecutiva. De las mascotas, era la que más se veía pasearse por el patio de la histórica estructura. Al publicarse la foto, hubo rumores de que estaba siendo abandonada emocionalmente por sus dueños. Cuando días más tarde la Primera Familia abandonó el País, las mascotas quedaron temporalmente en casa de unas amistades.

El Gobernador seguía sosteniendo reuniones, haciendo nombramientos y firmando leyes. En esos días, hasta encontró tiempo para llamar y ofrecer ayuda al alcalde de Utuado, Ernesto Irizarry, ante los estragos causados por unas fuertes lluvias a la débil infraestructura afectada previamente por el huracán María. El Ejecutivo Municipal no ocultó su sorpresa porque era "la primera vez en todo el cuatrienio" que pudo tratar con el Gobernador la situación de su municipio, uno de los más afectados por el paso del huracán.

El viernes 19 de julio, el equipo de Comunicaciones del Gobernador tuvo otra sacudida. Su Secretaria de Prensa, Dennise Pérez, renunció de forma inmediata, luego de que una persona la llamó "corrupta" delante de su hijo adolescente al que había adoptado años antes. El incidente cruzó la raya de la intimidad familiar y fue catarsis en la presión que llevaba la funcionaria ante los acontecimientos recientes.

A casi un mes de su expulsión del Gobierno, el viernes 19 de julio el licenciado Raúl Maldonado Gautier no acudió a la citación de la División Técnica de Crímenes Cibernéticos del Departamento de Justicia para entregar su celular, como parte de la investigación a los implicados en el chat. Alegó que eso era una violación a su derecho a la intimidad.

Sin embargo, cuatro días después, Maldonado Gautier se vio obligado a entregar el aparato cuando agentes del Negociado de Investigaciones Especiales se presentaron a su casa por orden de la jueza Yazdel Ramos, la misma que exoneró a la Secretaria de Justicia, Wanda Vázquez, por supuestamente aprovecharse de su posición para intervenir en el caso contra el acusado del robo en casa de su hija menor.

Un par de días antes, el Secretario de la Gobernación, Ricardo Llerandi, también había entregado su teléfono y aseguró que no tenía nada que esconder. "Lo examinaron y estoy disponible" afirmó, mientras mostraba el teléfono a los periodistas. En un momento su voz se quebró, y lloroso admitió que era "extremadamente difícil a nivel personal y para mi familia' servir como Secretario de la Gobernación ante la situación histórica que se estaba viviendo.

Aunque la orden judicial aplicó a todos los implicados en el chat, Sánchez Sifonte y el publicista Edwin Miranda se libraron de tener que entregar los suyos, pues el Tribunal de Apelaciones favoreció sus argumentos sobre la falta de una orden de allanamiento con justa causa.

Al Gobernador no le daban tregua. En esos días, se reveló el informe del Colegio de Abogados sobre posibles delitos en el chat, cuya publicación se adelantó al que había sido encomendado por el Presidente de la Cámara de Representantes. El informe suscrito por los letrados Eduardo Villanueva, Carlos Gorrín y Yanira Reyes halló al menos 11 posibles delitos de carácter criminal con base suficiente para un eventual proceso de residenciamiento. Hubo señalamientos de conspiración, incursiones en intimidad de personas y malversación de fondos públicos.

Se mencionó además que la participación del cabildero Sánchez Sifonte pudo constituir enriquecimiento ilícito y aprovechamiento de trabajos y servicios públicos, y que en la conspiración para sacar de su puesto a la esposa del senador Juan Dalmau pudo haber una recopilación ilegal de información para discriminar un funcionario en su empleo.

Las amenazas no pasaron inadvertidas. La de "caer a tiros" —que se menciona contra la Alcaldesa de San Juan y la líder magisterial, Aida Díaz— fue calificada como una intimidación contra la autoridad pública mediante incitación a la violencia. La expresión hecha contra el exmonitor de la Policía para sacarlo de su puesto, representaría resistencia y obstrucción a la autoridad y conspiración contra un funcionario de Justicia.

***

A lo largo de toda la jornada de manifestaciones, todos —ofendidos en el chat, sindicatos y otros grupos de apoyo— tuvieron su espacio para dar rienda suelta a una variedad de expresiones de protesta.

Hubo una procesión silente, para recordar a las víctimas del huracán María, que partió desde el cementerio Santa Magdalena de Praxis del Viejo San Juan hasta el monumento de La Rogativa, cercano a La Fortaleza, en donde se colocaron pares de zapatos en memoria de los fallecidos. También los fanáticos de "La Fiebre" aficionados a las carreras de autos paralizaron la entrada de la isleta del Viejo San Juan.

Fuera de la zona metropolitana, en la carretera PR-30, ciudadanos bloquearon varios carriles en una improvisada demostración. "Ricky, puñeta, el pueblo se respeta…", gritaban algunos. Los automovilistas, lejos de enojarse, tocaban la bocina en gesto de apoyo.

"Ricky somos más y no tenemos miedo", se repetía dondequiera. Entre el bullicio de las protestas, seguidores de la disciplina yoga celebraron un Saludo al Sol. "Lucha sí, entrega no", se escuchaba frente al Capitolio, donde un grupo de actrices leyó segmentos del chat de Telegram.

En la Plaza de la Barandilla, teatreros con atuendo oscuro realizaron una presentación con el nombre "Cagada gubernamental", en la que personificaron a varios políticos y a los protagonistas del chat. Mientras, en el área próxima a la

Mansión Ejecutiva, miembros del colectivo Creando Conciencia se encadenaron a las vallas de seguridad.

"Para atrás", alertó con un altoparlante un oficial al mando, mientras otros guardias intentaban mantener a raya con sus rotenes a los manifestantes. En tanto, en una esquina un agente con máscara antigás custodiaba a varios detenidos, esposados con tiras de plástico.

"Policía únete, policía únete, únete, únete...", invitaban a los agentes los que lideraban la masa. El reclamo a coro se ahogaba entre el ritmo acompasado de cencerros, palmadas y bocinas presurizadas.

Esta vez, los enfrentamientos tampoco se hicieron esperar. No estuvo claro cómo empezó todo. Manifestantes enardecidos lanzaron los drones anaranjados usados como vallas de seguridad. La Policía repitió la advertencia de no violar el perímetro, antes de responder con gases lacrimógenos. Muy pronto una nube tóxica cubrió el área y los manifestantes emprendieron la huida desviándose por las calles laterales. Allí, algunas personas echaban agua a los ojos de los afectados por los gases.

Las calles se habían llenado de escombros y basura, lo que dificultaba el paso. Parecía un escenario de batalla.

"¡Cuando tú renuncies nosotros nos vamos...!", gritó un joven descamisado que caminaba aprisa por la acera en dirección a la esquina de La Resistencia.

Una muchacha le advirtió: "¡Están volviendo pa' trás! ¡Están volviendo pa' trás! ¡Están retirando!" La multitud corrió hacia ellos, buscando refugio. La advertencia fue repetida una y otra vez.

"¡No pases pa' allá!", le advirtió una manifestante a su compañero, aconsejando que se quedaran en la esquina próxima. Los más precavidos se mantenían a distancia. Pero el hombre le hizo más caso a un envalentonado que gritaba cerca: "¡Mira, vamo' a darle! ¡Vamo' a darle de nuevo!"

La detonación de petardos en ristra en la orilla de la acera les hizo detener el paso. "¡Ea diablo, puñeta! ¡Se jodieron las sombrillas!", dijo otro, mientras señalaba al adefesio turístico que amenazaba con ser pasto de las llamas que salían de un contenedor incendiado. Las sombrillas, el monumento multicolor que colgaba sobre la calle, a la entrada de la Mansión Ejecutiva —y que bien pudo ser llamado "Llueve y no escampa" — fue una iniciativa de la Primera Dama. Días más tarde, fueron retiradas del lugar y sustituidas por una enorme bandera puertorriqueña que cubre de lado a lado ese extremo de la calle Fortaleza.

"¡Cuida'o con ese cable que está vivo!" alertó un descamisado. El llamado de precaución era repetido por otros a los que pasaban por la acera. Poco después hubo un resplandor de luz en el lugar, a la entrada de un zaguán. El cable había hecho contacto y provocó un cortocircuito que interrumpió la electricidad en el sector. "Ahora sí que los vecinos se van a encojonar", comentó un transeúnte tras pasar el susto.

"¡Ricky!", gritó un joven que caminaba en zancadas esquivando escombros por el medio de la calle. "¡Renuncia!", les respondían desde su entorno.

"¡Qué clase 'e lío se ha busca'o este cabrón de Ricardo Rosselló!", comentó un encapuchado que contemplaba desde lejos el incendio del contenedor. "¡Están tirándole con los adoquines a los guardias, mano! ¡Así no se hace esto!", se lamentó otro que miraba la trifulca desde la parte más alta de la calle.

Unas cuadras más adelante un grupo con panderos improvisaba con la melodía de la plena "Te quiero ver". "¡Ahora eh, ahora eh, ahora eh boricua, ahora eh!" El coro fue creciendo, pero de pronto se ahogó entre el ruido de otra comparsa de manifestantes con la que se cruzarían en la esquina.

"Somos más… y no tenemos miedo", repetía otro grupo más grande y que venía desde la otra dirección. Algunos transeúntes apostados a distancia prudente grababan las incidencias con sus celulares. En derredor el ruido era ensordecedor entre los golpes de cencerros y pleneras y de los cucharones con que le daban a algún utensilio de aluminio.

Frente a La Fortaleza, la multitud se acercaba peligrosamente a los portones.

"¡Lucha sí, entrega no! ¡Lucha sí, entrega no! ¡Lucha sí, entrega no!", gritaba la multitud.

Agentes de la Unidad de Operaciones Tácticas salieron en doble fila a la calle Fortaleza. "Clan, clan, clan, clan", golpeaban acompasadamente sus pasos sobre los adoquines.

Al pasar la formación por la esquina de la Resistencia, Gianna del Mastro, la osada joven que se conoció como "La Chica de la Cacerola", ahogaba el taconeo del paso de la escuadra con el golpe acompasado e insistente de un cucharón contra un recipiente metálico.

"Marchando, marchando, to' el mundo, vamos marchando", le recordaba a la escuadra policiaca mientras, a distancia prudente, sonaba la cacerola, cuyo golpe seco retumbaba en las paredes cercanas.

En atrevido gesto, por momentos, acercaba su cara a las máscaras de los agentes, a los que desafiaba y ponía a prueba en su paciencia entre cantos de consignas e improperios.

"Dale pa'l carajo, dale pa'l carajo, dale pa'l carajo… Me tiene miedo será, me tiene miedo será, porque es un mamao, es un mamao, es un mamao", les gritaba mientras marchaban.

En las redes sociales, la joven fue calificada como una "heroína", se le hizo una caricatura y se convirtió en tendencia como una de las caras ícono de las manifestaciones con la etiqueta #cacerolagirl.

Un grito solitario fue encontrando eco hasta acaparar toda el área: "¡Nosotros somos más, nosotros somos más, nosotros somos más!"

Una nueva oleada de gases lacrimógenos hizo despejar el cuadrante frente al portón de entrada de La Fortaleza. Los que protestaban buscaron un área de aire más fresco a ambos lados de la calle del Cristo. "Cuidado, que hay un tipo mirando con binoculares desde el techo", advirtió un hombre que señalaba a lo alto de un edificio.

"Están tirando a fuego. Yo no quiero coger un botellazo…", dijo otro al que conocían como Mambrú. Momentos antes, un contingente de la Unidad de Operaciones Tácticas salió corriendo desde la Mansión Ejecutiva repartiendo macanazos a diestra y siniestra. Mambrú intentó esquivar el violento encontronazo con el roten. "Yo sólo estoy aquí mirando", se escuchó en la pantalla de su celular, antes de que un golpe le oscureciera el panorama. Allí quedó ensangrentado, sentado en la acera con la cabeza recostada en la pared… Inconsciente.

***

En la mañana del sábado 20 de julio, Jorge Alberto Arroyo rompió un silencio de 25 años al publicar un video en su cuenta de *Facebook,* en el que se presentó como "el único sobreviviente" del accidente de tránsito en que se vio involucrado Rosselló Nevares, y en el que perdieron la vida su hermano gemelo y su mamá.

La desilusión ante todo lo que destapó el llamado "chat de la infamia" lo consumía por dentro.

El hombre despejó cualquier duda: "El caso fue real … y yo soy el gemelo". Sentado en el asiento delantero de un automóvil, y con su mirada oculta tras unas gafas oscuras, decidió desahogarse ante la cámara de su celular. Lucía incómodo al hablar, pero poco a poco se notó más relajado.

"Por 25 años he callado… Hay cosas que hay que decirlas como son…", dijo con visible frustración ante los hechos que desembocaron en las manifestaciones de protesta. "Me da tristeza que se le da la confianza a esta persona y nuevamente juegue con la mala intención de hacer las cosas de una manera injusta…"

Entonces, por primera vez, sacó a la luz pública detalles no conocidos del polémico accidente. "Hay muchas cosas que se tuvieron que callar… En un momento dado, aparecieron patrullas, se desapareció fulano. No tuvieron los pantalones de quedarse y ver lo que yo vi… ver a mi madre querida y a mi hermano…. en la manera como quedaron… Hay que seguir en pie de lucha y me entristece ver cómo juegan con los sentimientos del ser humano, del pueblo… como hicieron

178

conmigo y con mi familia. Por años han hecho creer cosas que no son ciertas, pero basta del abuso. Una mentira no puede ir encima de otra mentira… Para mí, para mi familia, tener que recrear la historia te da ese mal sabor de que quieren volver a hacer lo mismo, quieren salirse con la suya…"

Al finalizar su exposición, Jorge habló de un perdón al Gobernador: "Si es hablar del perdón, yo si te perdono. Te perdono por todas las faltas que se cometieron en un momento dado, por el incidente en que perdió su vida mi mamá y mi hermano gemelo. Te perdono… aunque para mí y mi familia no ha sido fácil".

A raíz de la publicación del video, una persona alegó por primera vez que Rosselló Nevares no estaba en Puerto Rico al momento de aquel accidente. Ana Presno Alemán, que era su *"coach"* en tenis, publicó en sus redes sociales imágenes de él junto a otros jóvenes en Francia, y mostró un boleto de entrada al Museo Louvre con una fecha que coincide con el día del accidente.

"Ricky Rosselló se encontraba en Francia jugando torneos de tenis para la fecha del fatídico accidente. Estos jóvenes [que se ven] en las fotos y los archivos de la Federación de Tenis de Puerto Rico (PRTA) pueden dar fe. Yo no miento. Mickey Nieves y esta servidora estábamos presentes como *coach* (sic.)", lee el mensaje que publicó.

Esto hizo recordar a algunos el don de la "ubicuidad" o de estar en dos sitios al mismo tiempo, que se le atribuyó también a su padre. Cuando fue gobernador, Pedro Rosselló recibió $82 mil en exceso al someter una certificación falsa de trabajo en la que alegó que los veranos, desde el 1962 al 1964, laboró a tiempo completo en el Hospital de Psiquiatría de Río Piedras.

Pero la realidad es que en el 1962 jugó en un torneo de tenis fuera del País y en el verano de 1963 estudiaba en la Universidad de Harvard.

***

Yosem E. Companys, un exsocio de Rosselló Nevares, se unió a la racha de confesiones en video hechas por algunos detractores del Gobernador. En su cuenta de *Facebook*, el empresario y consultor n California se presentó como un exmentor del Ejecutivo, en los tiempos en que solamente era conocido como "Ricky". Con su testimonio, trazó una especie de perfil sicológico del joven Ricky que confirmó lo que ya era "vox pópuli": que nunca había tenido responsabilidad por sus acciones y que le gustaba rodearse de aduladores.

"Presencié de primera mano cómo la presión de parecer perfecto en todo momento ante los ojos de otros llevó a Ricky a desarrollar una necesidad de adulación, una inclinación por el secreto, una compulsión a mentir para salvar la cara y una tendencia a culpar y arremeter contra otros (incluyéndome a mí) siempre que cometiera un error en público. La reacción de Ricky a la crítica, incluso cuando se realizara de manera constructiva, era vilipendiar a la fuente", escribió el consultor en el muro de su cuenta.

El empresario aseguró que Rosselló Nevares se rodeaba de personas que no cuestionaran alguna acción reprochable y le siguieran sus instrucciones al dedillo. Su mensaje acaparó la atención de la prensa local. El hombre explicó que conoció a Ricky en las visitas que hacía a la casa de sus padres, de quienes era amigo.

"(Pedro y Maga) me decían, 'él es tan brillante, el más brillante de la familia pero es *absent-minded* (distraído) porque es tan brillante… Nosotros tenemos que hacer todo por él porque es *absent-minded*'", relató luego en entrevista con NotiCel.

Entre 2003 y 2004, su amigo Pedro Rosselló le pidió un favor: aunque no quería que Ricky se metiera en política, solicitó que lo ayudara con la insistencia del muchacho de entrar a la campaña presidencial del general Wesley Clark. Fue así que Companys intercedió para que lo colocaran como asistente del director estatal de la campaña en el comité de Clark en Arizona.

Luego de esa experiencia, Ricky pensó en Companys para crear en el 2006 la empresa Auctoritas Lab., con la que buscaba impulsar un mecanismo de encuestas con respuesta objetiva en lugar de realizarlas mediante escalas de valores.

"Me dijo que él tenía todo el dinero [para financiar el negocio] que necesitamos. Le pregunté si el dinero era de su familia", relató Companys.

"No, yo lo tengo", le dijo Rosselló Nevares.

"Él me dijo: 'yo tengo un millón en una de mis cuentas de banco'. A lo que pregunté, '¿De dónde?' Me dijo: 'no digas nada, pero básicamente a mí me pagan como $100 mil o $200 mil anual más gastos de viajes como asesor en la Legislatura y yo no tengo que hacer nada. Lo único que tengo que hacer es que cuando ellos quieran contactar a papi, yo les doy acceso", aseguró al justificar la procedencia del dinero.

"Al cuestionarle si no le parecía poco ético, me dijo: 'Yo estoy en nómina [...] así son las cosas que funcionan en Puerto Rico'", recuerda Companys que escuchó como respuesta.

Companys alegó que no cobró por su participación en el negocio, que fue una de socio pasivo en la que compartió contactos e ideas con su pupilo. Pero luego descubrió que Ricky financió el proyecto sólo a medias. Recordó que el joven le dijo que tenía que gastar el dinero poco a poco. "Él tenía estos comportamientos que han ido empeorando por razón de que su poder e influencia han subido, [pero] siempre estuvo ahí, nadie le paró el caballito", reflexionó. "Debí tratar de que Ricky cogiera responsabilidad y dejara de ser un nene toda la vida", le confesó Companys a los periodistas Oscar Serrano y Adriana de Jesús.

Companys desvió el hilo de la historia y se remontó a la fiesta de compromiso de Ricky con su primera esposa, Natasha Marie. Recordó que allí el exgobernador Pedro Rosselló se le acercó para agradecerle "lo que estás haciendo por Ricky, porque tú y yo sabemos que eso seguramente no va a triunfar, porque tú sabes cómo es Ricky... *"It means a lot to me..."*, le dijo el exgobernador. Companys rememoró que Rosselló incluso le explicó que advirtió a su hijo que en el negocio iba a perder dinero, que eso no iba para ningún lado, "pero es una experiencia valiosa para que Ricky vaya madurando y adquiera responsabilidad".

"Para mí fue un *touchy moment* [momento enternecedor] porque es tu mentor diciéndote eso sobre su hijo", recordó el empresario.

La relación se vino abajo desde que Ricky intentó engañar al abogado de la empresa al decirle que Companys le cedió sus acciones para hacerlo dueño único. Cuando Companys supo de esa falsedad por voz del abogado cortó sus relaciones profesionales con Ricky y lo dejó sin los contactos que le proveía.

Cuando el Gobernador supo de la publicación de esa entrevista con Companys en medio de toda la debacle que enfrentaba su gobierno montó en cólera. No dio cara a los periodistas, pero no dejó esperar por sus declaraciones escritas:

"Es realmente lamentable y decepcionante que una persona, a quien consideré mi amigo, realice este tipo de comentarios malintencionados y mendaces. Desconozco su intención y me pregunto qué hay tras semejantes falsedades. Quiero ser bien claro. Es totalmente falso que haya tenido contrato alguno con la legislatura o cualquier otro cuerpo del gobierno en el pasado, como se alega en esa historia", dijo.

"Además, es totalmente falso que tenga una cuenta bancaria 'sospechosa' como se titula de forma mendaz la historia. Evalúo seriamente tomar las medidas legales pertinentes —pagado con fondos privados— para atender este tipo de comentarios difamatorios", agregó. Rosselló Nevares lamentó que la Prensa no se le hubiese solicitado una reacción, pero es que en aquellos días en que estuvo fuera del ojo público tampoco concedía entrevistas.

Transcurría el noveno día consecutivo de manifestaciones. El Gobernador se reunió en Fortaleza con los alcaldes y legisladores del PNP, con jefes de agencia y de corporaciones públicas y les dejó claro que enfrentaría el residenciamiento hasta las últimas consecuencias. Todos lo escucharon, menos la Secretaria de Justicia y los líderes legislativos, que no asistieron al cónclave. Tras las reuniones, Rosselló Nevares publicó un mensaje en video en su cuenta social para hacer un importante anuncio:

"Hermanos y hermanas puertorriqueñas… un sector significativo de la población se manifiesta desde hace

días. Soy consciente de la insatisfacción y el malestar que sienten... Los he escuchado y los escucho hoy. He cometido errores y me he disculpado. A pesar de todo, creo que disculparme no es suficiente. Ante este escenario, anuncio que no iré a la reelección como Gobernador en este próximo año y renuncio además a la Presidencia del Partido Nuevo Progresista [...] Le doy la bienvenida al proceso [de residenciamiento] comenzado por la Asamblea Legislativa, el cual enfrentaré con toda la verdad, fuerza y de manera responsable".

Nadie le pedía eso. Las protestas lo que reclamaban era su renuncia a la Gobernación. El mensaje fue como echar gasolina a la indecisión de algunos a asistir a la marcha del Paro Nacional en el Expreso Las Américas. Con eso, Rosselló Nevares quemó su último cartucho. Se agarraba de un clavo caliente antes de caer...

Se acercaba el tercer fin de semana de julio y las manifestaciones no daban tregua. El mandatario insinuó que las protestas eran lideradas por izquierdistas y subvencionadas por sectores socialistas en Cuba y Venezuela.

En esos días, el cantante panameño Rubén Blades fue una de las voces internacionales que se unió al reclamo de renuncia. En una extensa carta de cinco páginas en la que felicitó a los puertorriqueños por expresarse multitudinariamente sin recurrir a la violencia, el también abogado y excandidato presidencial de su país exhortó a Rosselló Nevares:

"...ayude a Puerto Rico a crear el destino que merece, un argumento abonado con la inteligencia de Betances, el sacrificio de Albizu... [los que] nos dejan un ejemplo de esfuerzo y tenacidad, esas almas que por sobre ideologías o partidos creen en la fuerza del

espíritu para crear un camino, el de todos, incluyéndolo a usted. El país reclama un nuevo liderazgo. Usted no lo convence ya".

***

Temprano en la noche del domingo 21 de julio, el Gobernador volvió a reunirse con alcaldes y legisladores de su partido, pero esta vez no fue en Fortaleza a donde ya ni se podía ir a dormir, sino en el Centro Yolanda Guerrero en Guaynabo. Allí, fueron los convocados los que dieron el ultimátum: no bastaba con renunciar a la presidencia del Partido o a renunciar a cualquier aspiración a la reelección.

Hasta allí llegaron las temidas "turbas": cientos de manifestantes, algunos con carteles, otros con instrumentos musicales.

"¿Dónde está Ricky? Ricky no está aquí, Ricky está vendiendo lo que queda del país", se escuchaban los reclamos afuera. Con la llegada de los manifestantes congregados frente al portón de entrada al estacionamiento, arribó también un contingente de refuerzos policiacos que por más de una hora se mantuvo en formación dentro de los predios del local, muy pendiente a lo que sucediera.

"¡Ricky canalla, queremos que te vayas!", "¡Ricky dictador!", seguían las protestas. Con la transmisión radial de la reunión, se allegaron más personas al lugar.

Los manifestantes bloquearon la salida de los presentes. Al finalizar la reunión, el vehículo que llevaba al Gobernador pudo salir del lugar ayudado por la seguridad de su escolta. Pero atrás, y por una hora más, quedaron los alcaldes y legisladores. Para poder abrir el portón que impedía la entrada de los manifestantes y pudieran salir los vehículos, la Policía tuvo que arrojar gas lacrimógeno. Una nube tóxica cubrió el área mientras agentes con máscaras antigás pudieron dirigir la salida apresurada de la caravana.

***

L as protestas siguieron en esos días, con un saldo que sobrepasó la veintena de heridos y otros 16 arrestados, de acuerdo con la entidad Kilómetro Cero, entre otras organizaciones de derechos civiles y derechos humanos que monitorearon las incidencias.

Foto / Magali García

Las expresiones de protestas fueron tan variadas como las personas y grupos aludidos en el chat, que a la hora de ofender no dejó fuera a nadie. Las convocatorias surgieron de forma espontánea y estuvieron motivadas por el dolor más profundo de un pueblo que dejó ver al mundo su identidad, su peculiar forma de ser, la madera de la que está hecho.

Vecinos del Viejo San Juan, honraron la tradición que perpetúa el monumento de La Rogativa. Pero en esta ocasión, en vez de rogar por la retirada de la flota invasora inglesa, como ocurrió en 1797, lo hicieron por la dimisión del Ejecutivo.

Ya fuera por aire, por tierra o por mar, la inventiva tampoco tuvo límites. No importaba si eran paracaidistas desde el cielo; o ciclistas, jinetes a caballo, amantes de la "fiebre" y camioneros "en la brea" o navegantes en kayaks, botes o *jet skis*, que fueron vistos desde la laguna del Condado o sobre las aguas que bordean el Paseo La Princesa en la Bahía de San Juan, el ánimo nunca decayó.

La creatividad del puertorriqueño estuvo al servicio de los manifestantes con ese solo objetivo. No importaba la expresión artística, fuese mediante la poesía, el humor, la parodia, la sátira, el teatro, el arte gráfico, la pintura, la fotografía, el baile en cualquier expresión, el mensaje era claro.

Y ni se diga de los cientos de miles de participantes que sirvieron de eslabones de una cadena humana que abarcó la extensión de los pueblos costeros alrededor de la Isla...

También surgieron novedosas propuestas como las movilizaciones a las plazas públicas y la "invasión" en redes sociales de la versión luctuosa del logo "Ricky renuncia" en letras blancas sobre fondo negro.

Otras expresiones se destacaron por su originalidad, como la de los diseños alusivos en tazas de café y en bebidas bautizadas como "Ricky Renuncia", entre éstas el coctel que ideó un bartender del hotel Eaton en Washington DC y que se vendía con el lema: "Bébelo rápido, queremos que se vaya".

Hubo otros llamados ocurrentes como el de invadir con llamadas al cuadro telefónico de La Fortaleza y el de completar maratones de lectura. Uno de éstos lo fue el reto de leer las 889 páginas del chat y de la Constitución, lo que se hizo en respuesta a la orden policiaca de suspender las demostraciones de protesta cerca de la medianoche.

Anécdotas no faltaron, como la de un comercio en el que cada vez que se llamaba a un empleado de nombre Ricky, los que estaban cerca respondían: "¡Renunciaaaa!". Se cuenta además que los espectadores de la película El Rey León, gritaban "¡Ricky Renuncia!", durante la escena en que el león Scar tiene que abandonar el trono.

Fue tal la magnitud y la variedad de expresiones de las protestas, que hasta el movimiento mundial de piratas cibernéticos "Anonymous", felicitó al pueblo puertorriqueño por la gesta llevada a cabo sin derramamiento de sangre.

***

Tras nueve días de protestas ininterrumpidas, llegó el día del Paro Nacional. Ese día Plaza Las Américas cerró, señal de extrema urgencia en el barómetro de "necesidades básicas" del País. La jornada comenzó bajo un candente sol.

Como otras actividades previas, la convocatoria fue una espontánea y se hizo mediante las redes sociales. Esta vez el encuentro fue en los predios del estadio Hiram Bithorn, fuera del casco viejosanjuanero.

Como preámbulo al acto, el periódico El Nuevo Día publicó un editorial en su página 3 bajo el título: "Gobernador, Puerto Rico pide su renuncia". El rotativo exhortó al mandatario a poner el país primero y denunció a "los egoístas cálculos políticos... el silencio de las verdaderas respuestas que demanda [la] apremiante situación", y "la parsimonia de los presidentes legislativos".

Temprano en la mañana, el expreso Las Américas se cerró al tráfico y cerca de las 10:00 a.m. los marchantes iniciaron el paso hasta la avenida Piñero. Ese día, el Tren Urbano tuvo la mayor cantidad de pasajeros en toda su historia. En las estaciones, todo era algarabía.

La gente cantaba a coro y los desconocidos se saludaban en franca camaradería como si presintieran en aquella demostración un rayo de esperanza, de que al fin se haría realidad el reclamo del pueblo. La escena producía un sentimiento parecido al amor a primera vista, pero en esta ocasión no iba dirigido a un hombre o una mujer, sino a un colectivo: a la gente de uno.

Allí se dieron cita amigos, desconocidos, monjes, artistas, jubilados, profesores, estudiantes, padres e hijos que aprendían desde temprano en la vida el poder del reclamo en una protesta… Allí no hubo divisiones partidistas. Sólo un país que por una vez más creyó en sí mismo y dijo: "¡Presente!"

Al frente de la masa humana una veintena de personas llevó un inmenso cruzacalles que leía a todo lo ancho: #RickyRenuncia. Ni Corruptos ni criminales". "Un paso por cada lágrima", leía una pancarta que presagiaba el trayecto que faltaba por recorrer…

Hubo quien llevó capucha o quienes prefirieron pintarse el rostro. Algunos se dejaron acompañar por sus mascotas, que iban indiferentes al paso cercano de los altos zanqueros vestidos de vejigantes. En el trayecto, las coreografías de baile a golpe de salsa, bomba o plena hicieron más llevadera la jornada… porque, como en el Viejo San Juan, tampoco faltaron los panderos y cencerros, las trompetas y trombones. Parecía un desfile de carnaval. Es que en Puerto Rico se protesta así.

Foto / Jean Carlo Arroyo

Vista desde lo alto, la marcha había alcanzado dimensiones jamás vistas en un acto similar. El mensaje del pueblo era claro y contundente: el Gobernador debía renunciar. La marcha fue sin duda la más concurrida en la historia del País. No tenía precedentes, no sólo por su respaldo fuera de líneas político-partidistas, sino ante los cálculos más liberales que estimaron una asistencia de medio millón de personas.

El acto tampoco tuvo comparación ni con la convocatoria de la Nación en Marcha del 14 de julio de 1996; ni con el recibimiento al exgobernador Luis Muñoz Marín en octubre de 1972 en el estacionamiento de Plaza Las Américas, al regreso de su autoexilio en Roma; ni con el recibimiento al Papa Juan Pablo II el 12 de octubre de 1984; ni con las marchas contra la venta de la Telefónica de Puerto Rico o la de por la Paz de Vieques, el 21 de febrero de 2000.

Una tuitera publicó en su cuenta dos fotos aéreas comparativas —una de la marcha de la Paz Para Vieques y otra de la demostración del Paro Nacional— y evidentemente para "levantar ronchas" escribió: "Yo quise hacer mi propia calculación (sic.) En la foto hice un círculo alrededor de 20 personas, en la segunda foto hice muchos círculos con 20 personas y definitivamente la cantidad NO llega a 1 millón, ni a 500k. Ni aunque triplique los círculos. ¡No se dejen engañar!"

Parodia o no, el comentario se hizo viral.

La demostración de protesta fue noticia de portada en diarios internacionales. Para los puertorriqueños, dentro y fuera de la Isla, conmovía hasta las lágrimas ver las fotos aéreas de la gran masa humana que ondeaba banderas puertorriqueñas en todas sus versiones. Eran cientos de miles de rostros de todo tipo y color, las "caras de esperanzas, de trabajo, de sudor" como las que pregona el sonero Rubén Blades.

Entre los caminantes, llamó la atención una madre y su hija que vestían unas camisetas con mensajes complementarios. La de una leía: "La hija de..." y la de la otra: "La gran puta", en alusión al calificativo mencionado en el chat. También algunas féminas tenían la palabra "puta" escrita en su cuerpo o en el rostro, en alusión al calificativo con que en el chat se refirieron a la exconcejal Melissa Mark-Viverito.

En los carteles se leían mensajes como: "Se siente la cobardía del Gobierno ante un pueblo sin temor"; "El que no ama a su patria, no ama a su madre"; "Nos enterraron, pero éramos semillas"; "Mejor puta que corrupta"; "Ojalá nuestros 4,645 muertos te jalen las patas" y "Somos la puta resistencia".

Foto / Jean Carlo Arroyo

Estar en aquella multitud era como tratar de nadar en un torrente de aguas liberadas en una represa, sobre todo cuando en la curva de regreso al punto de partida, se veía a los marchantes caminando en el carril opuesto. En ese punto, el maremágnum parecía arropar al caminante a toda dirección a donde alcanzaba la vista. "¡Somos más y no tenemos miedo!", gritaban desde un lado. "¡Ricky renuncia y llévate a la Junta!", se escuchaba al otro lado de la valla divisoria del expreso.

"Papi, aquí luchando en tu honor. Fuiste uno de los 4,645", escribió un doliente en una cartulina. La cifra estimada de las víctimas mortales tras el paso del huracán María fue escrita en maquillajes, tatuajes y pancartas. Cerca, una marioneta grande, cuya cara representaba al Gobernador, sobresalía por su altura entre la muchedumbre.

Entre el gentío desfilaban grupos de vejigantes, zanqueros, malabaristas y *"performers"*, como los vestidos con disfraces alusivos a la popular serie La Casa de Papel, que trata de una ganga que realiza un desfalco millonario. Un hombre marchó con un liviano dron anaranjado que le cubría parte del cuerpo. Denunciaba de esa forma el despilfarro de $500 por unidad, que es el costo estimado de cada dron comprado por el Gobierno para delimitar el tránsito durante obras de reparación en las vías públicas.

A la mañana soleada le siguió una tarde con cielo borrascoso. A pesar del calor y la humedad, el ánimo no decayó. Por poco más de una hora, un fuerte aguacero sirvió como un bautismo de energía para recargar fuerzas. La lluvia sirvió como una catarsis para sacar a flor de piel todas las emociones reprimidas. Algunos pudieron guarecerse bajo sombrillas y paraguas y los que no, apuraron infructuosamente el paso para, al final, terminar empapados bajo el chubasco.

Entre la multitud, un trío de jóvenes bailaba y cantaba bajo la lluvia en medio de los tres carriles del expreso. Vestían una camiseta negra, con el estampado de una bandera de Puerto Rico y el mensaje "¡Ricky Renuncia!" en blanco contraste.

Uno de ellos, un flaco de piel cobriza, larga cabellera rizada y lóbulo de oreja perforado con un aro dorado, alzó sus manos al cielo en gesto de agradecimiento, dejándose recibir las gotas de lluvia en su rostro… La chica, una taína de brazos tatuados, que se protegía del intenso sol con una gorra negra y pañuelo al cuello en combinación, chapoteaba entre los charcos y reía ante la ocurrencia de su amigo. Tras de ella, un joven espigado gritaba a todo pulmón "¡Viva Puerto Rico!", mientras ondeaba con ímpetu la Monoestrellada nacional. La imagen se hizo viral en las redes sociales.

Foto / Fabián Rodríguez Torres

No muy lejos, otros dieron rienda suelta a la mágica alegría del momento para bailar en grupo e improvisar una coreografía del éxito de Ricky Martin, La Copa de la Vida. "¡Un, dos, tres, ahé, ahé, ahé…! ¡Arriba va, el mundo está de pie!", cantaban a coro a la vez que alzaban sus brazos al compás con el puño al aire. La escena conmovía.

Allí no faltaron versos de canciones coreadas que apelaron al patriotismo como lo son Boricua en la Luna y Verde Luz y hasta la versión revolucionaria del himno nacional de La Borinqueña.

Cada vez que cualquiera de los caminantes volteaba la mirada, las imágenes en su derredor desfilaban como ráfagas de recuerdos.

Dragas y jóvenes de la comunidad LGBTQ desfilaron con sus caras pintadas con mensajes alusivos. Otros, vestidos con moda unisex de apariencia asexual acompañaban a unas jóvenes que lucieron mensajes escritos en partes expuestas de su anatomía. La sensualidad también sirvió como expresión de protesta. Hacía calor... es difícil la vida en el trópico y el cuerpo siempre lo sabe. Nadie estaba por juzgar a nadie. Todos eran uno en su reclamo.

El ánimo de los caminantes no decayó ni por un momento. "¡En-chum-ba'o, en-chum-ba'o, pero nunca arrodilla'o!" "¡Que llueva, que llueva, que Ricky va pa' fuera!", adaptando el estribillo a la circunstancia. De una guagua de sonido se escuchaba la composición de Rafael Hernández, Preciosa, en la versión cantada por Mark Anthony que es considerada un segundo himno nacional.

Al terminar la marcha de regreso a los predios del estadio Hiram Bithorn, la cantante Olga Tañón se dirigió al público desde la plataforma de otra camioneta que sirvió de tarima rodante. Se abrazaba a una bandera puertorriqueña que poco pudo hacer para protegerla de la lluvia. "El que se cansa, pierde. Y aquí el pueblo no se va a cansar", gritó a todo pulmón, tratando de levantar el ánimo al terminar una intervención musical.

En ese momento, otros artistas y personalidades se acercaban a la tarima montados en la plataforma trasera en una enorme camioneta blanca. Entre éstos, estaba la cantautora Kanny García; el reguetonero Daddy Yankee; el boxeador Tito Trinidad; los deportistas Jaime Espinal, Tommy Ramos y José "Piculín" Ortiz; la cantante Ednita Nazario, el intérprete urbano René Pérez y el trapero Bad Bunny. Sentado sobre el techo de la camioneta, Ricky Martin ondeaba la bandera multicolor puertorriqueña representativa de la comunidad LGBTQ.

Fue entonces cuando la trovadora Victoria Sanabria interpretó una décima cuyos versos finales decían "hoy la gente se pronuncia, Ricky firma ya y renuncia". Durante la jornada de manifestaciones, la clase artística y deportiva del País asumió una vez más un activismo grupal en esos días. La situación así lo ameritaba.

"Esto no se acaba aquí. Ahora vamos pa' San Juan", exhortó René Pérez, cuya camiseta leía un elocuente mensaje: "JaLto". Los ánimos estaban arriba y no se dejarían caer a pesar de que el proyectado acto artístico tuvo que ser acortado por la lluvia. Muchos tenían deseos de seguir, por lo que esa tarde los más animados se allegaron hasta las inmediaciones de La Fortaleza.

Carlos Rubén Rosario

RICARDO EL ATRINCHERADO

Al día siguiente, las fotos de la marcha ocuparon la primera plana de muchos de los principales periódicos de Estados Unidos y América Latina.

Tan pronto concluyó la marcha del Paro Nacional, el Gobernador autorizó unas declaraciones escritas en las que expresó haber observado "atento y en silencio" las manifestaciones. "Cuando una parte habla con legitimidad, la otra es responsable de escuchar atentamente. El pueblo está hablando y me toca escuchar. Han sido momentos de total reflexión y de tomar decisiones que se van ejecutando…"

Como si el trago amargo de la marcha del Paro Nacional no hubiese sido suficiente, esa tarde Rosselló Nevares concedió una entrevista que fue como una estocada de muerte. Sus asesores se empeñaban en hacer ver que el Gobernador estaba en control, pero su equipo de Comunicaciones hizo un mal cálculo y lo expuso durante 15 eternos minutos ante el experimentado periodista Sheppard Smith, de la cadena Fox. La entrevista fue coordinada por un excongresista que aconsejó a Rosselló que la transmisión a la televisión estadounidense sería una buena carnada si él interesaba un acercamiento con la Casa Blanca.

Shepp, como se le conocía, fue muy bien preparado para el encuentro, como debe ser costumbre y práctica en el periodismo. Aparentemente, la reunión se llevó a cabo fuera de La Fortaleza, pues de trasfondo durante la transmisión se veía un ambiente soleado, mientras que a esa hora en el Viejo San Juan caía un aguacero. Ante la imposibilidad de trabajar desde La Fortaleza, el Primer Ejecutivo se había refugiado en Dorado, un pueblo costero al oeste de San Juan. Unos decían que estaba en la casa que mantienen sus padres; otros, que se hospedaba en el hotel Dorado Beach.

Para la ocasión, Rosselló Nevares se rasuró la barba que llevó por las últimas semanas. Al inicio de la entrevista que se llevó a cabo en inglés, recitó el ya usual pedido de disculpas y resaltó el amor que dijo sentir por la Isla y su gente. Además, se reafirmó que no iba a renunciar a la Gobernación y añadió que contaba con el apoyo de la gente de su partido.

Pero el periodista no estaba para regodeos ni cordialidades y le interrumpió buscando nombres de simpatizantes.

"¿Quién lo apoya?", insistió repetidamente. El Gobernador se hizo el que no había escuchado para seguir con su argumento. "¿Quién lo apoya en medio de este caos?", volvió a cuestionar el periodista.

Visiblemente nervioso, Rosselló Nevares evadió contestar, pero luego, entre rodeos y titubeos dijo: "Hay diferentes grupos, personas de mi administración".

"Pero no es capaz de darme el nombre de una persona que lo apoye", insistió Smith sin dar tregua. En varias ocasiones, el tono de la entrevista se tornó álgido. El Gobernador intentó hablar por encima del periodista, dando rodeos a la respuesta.

"Una sola persona", le retó Sheppard.

"¡El alcalde de San Sebastián!", dijo finalmente el mandatario para salir del paso, como si fuera un boxeador acorralado en la esquina sin poder escapar de los golpes a la cara.

En un ligero pero perceptible gesto, Rosselló Nevares pareció darse cuenta de que había apostado mal con su respuesta. Sheppard no cedió un ápice.

El incisivo periodista entonces cambio su línea de preguntas para cuestionar cómo el Gobernador resolvería la crisis política a la que se enfrentaba. El Primer Ejecutivo se fue por la tangente y en respuesta enumeró varias propuestas para atacar posibles actos de corrupción, tal como lo hizo en la conferencia de prensa del perdón.

Shepp mantuvo la ofensiva y en ese momento le "tiró" con todo lo que tenía: "Novecientas páginas de ataques a personas de su propia Isla no son un error, son un patrón. Cuando se mira ese patrón, si fuera otro político y no usted: ¿qué diría sobre esa persona? ¿Quisiera que esa persona liderara el país?", le cuestionó.

"Esas son palabras... quisiera también que se arrojara luz sobre mis acciones", respondió Rosselló Nevares.

"Numerosos puertorriqueños señalan que los ha olvidado, que no los ha guiado correctamente, que se burla de ellos, que les mintió, que ya no confían en su liderazgo", insistió el periodista. Rosselló Nevares intentó responder, pero en un momento empezó a repetir respuestas ya dadas y el periodista lo interrumpió.

El periodista dejó para el final el tema de la amenaza de pegar un tiro a la Alcaldesa de San Juan, pero el Gobernador negó que hubiese sido un comentario de su autoría. "Tiene razón, porque fue otro [Christian Sobrino] el que dijo 'quiero dispararle a la Alcaldesa de San Juan', pero usted fue el que dijo: 'me harían un gran favor'".

Rosselló Nevares estaba turbado, sin oportunidad de reponerse cuando Sheppard dio por terminado el encuentro. Por decir algo, el periodista había descuartizado al Gobernador. Esa tarde el video fue retransmitido por redes sociales hasta la saciedad. "Vergüenza ajena", fue la frase que resumió el sentir de quienes bromearon con frases como "si yo hubiese sido Rosselló, habría simulado un infarto, con tal de terminar esa masacre".

> *"La entrevista que le dio a Fox News, se convirtió en un espectáculo tan patético, que en algún momento uno hubiera deseado que temblara la tierra allá, o que pasara un tornado por aquí, cualquier cosa que interrumpiera aquella entrevista desoladora.*

Cada vez que él decía 'again', el rostro del entrevistador se endurecía, hasta que el final se volvió una máscara donde, no sé por qué, vi reflejada la expresión de Trump. El presidente Trump estaba viendo la entrevista, nadie lo dude. Y el tuit correspondiente (y doloroso) debe estar al caer".

Así reaccionó la columnista Mayra Montero al resumir lo que se podría decir que fueron los 15 minutos más largos que Rosselló Nevares tuvo como Gobernador, de no haber sido por los sofocones y explicaciones en las conferencias de prensa que enfrentó un par de semanas antes.

No pasó una hora cuando el alcalde de San Sebastián, Javier Jiménez, se apresuró a aclarar que el Gobernador no contaba con su respaldo, como habría dejado entrever.

Había quedado en evidencia la total soledad del Ejecutivo. Hacía días que Rosselló Nevares era un gobernador sin país ante la falta de apoyo de sus electores y de quienes fueron sus colaboradores. Al no tener a quién gobernar, La Fortaleza llevaba más de una semana sin comunicar su agenda. Ante todo eso, era de preocupar su salud mental, y se comentaba que era imposible trabajar en esas condiciones. Era evidente que el Gobernador necesitaba ayuda psicológica urgente. Con cada estrategia de acción de sus asesores, en vez de llegar a una solución, lo que lograban era hundirlo más y más …

***

Pero ese 22 de julio, que inició con la marcha del Paro Nacional y siguió con la desastrosa entrevista, aún no terminaba. No había pasado tan siquiera una hora cuando en un desesperado intento de lavado de imagen, se recurrió a la figura de la Primera Dama, a quien llevaron a visitar una comunidad y un albergue de mujeres maltratadas en el área de Arecibo.

La estrategia fue hacer creer que las operaciones diarias se llevaban a cabo normalmente en la Oficina de la Primera Dama. Pero la visita no fue programada y hubo cierto malestar entre los líderes comunitarios a quienes no se les avisó y entre los directivos del Albergue que, más tarde, dieron la alarma a la Prensa ante el riesgo a la protección de la identidad de las internas.

"Sólo te apoya tu esposa, la exmodelo
La que piensa que Cien Años de Soledad
la escribió Coelho
Y así son los pocos que te siguen, brutos
Pero tranqui', afilar navajas, toma un minuto
Somos el rugido
de la bandera de Puertorro
con todos sus tejidos".

René Pérez, Afilando los Cuchillos

Para cerrar con broche de oro, ese día el exgobernador Pedro Rosselló González rompió sus lazos con el Partido Nuevo Progresista, bajo cuya insignia dirigió al País. Para el Partido, no habría peor castigo que ése. Sólo un par de días antes, el exgobernador había regresado a su casa en la comunidad de Vienna, en el estado de Virginia, llevando consigo a sus nietos, hijos del Gobernador y la Primera Dama, ante las amenazas de las que la familia era objeto.

En una carta dirigida al Secretario General de la colectividad, Rosselló González comunicó que su renuncia era "con carácter inmediato a todas las posiciones que pueda ocupar como miembro del directorio y del PNP". Entre éstas estaba la Comisión de Igualdad, propulsada por su hijo el Gobernador.

Rosselló González estaba evidentemente enojado con el Partido, al entender que le dio la espalda a su hijo. Entre padre e hijo quedará para siempre lo hablado en esos días... y las recriminaciones en la intimidad del hogar, que no faltan en estos casos. La crisis familiar ante la situación no habrá sido fácil para ambas partes. Era un secreto a voces que Rosselló González nunca estuvo de acuerdo con la candidatura de su hijo a la gobernación ni aprobó gran parte de su equipo más cercano de colaboradores. Pero el Gobernador no escuchó consejos.

***

En tanto, más voces se unieron al reclamo de renuncia. Entre éstas, Guillermo Gil Bonar, que siendo jefe de la fiscalía federal en Puerto Rico dijo que "la corrupción tiene nombre y apellido y se llama Partido Nuevo Progresista", una cita en la que generalizó un mal que no era, —ni es— exclusivo de colores ni líneas partidistas.

Gil Bonar quedó impresionado con la movilización de la marcha del Paro General, y no pudo evitar hacer referencia a una vieja carta en la que expresó que "el mayor problema de Puerto Rico es que se había convertido en un pueblo 'eñangota'o'".

"Me equivoqué porque ése era el pueblo de ayer, pero no es el pueblo de hoy. Mi generación no tuvo el valor de ponerse de pie, a pesar de todo lo que vieron a través de todos los casos que la fiscalía federal radicó desde finales de la década de los '90..."

Otra voz disidente fue la de la empresaria Zoraida Fonalledas, integrante de la Comisión de la Igualdad para

Puerto Rico, que alertó que la resistencia del Gobernador a renunciar paralizaba el cabildeo en el Congreso en favor de la estadidad para la Isla.

La delegada del Partido Republicano Nacional recordó que otros miembros de la misma Comisión creada por Rosselló Nevares, como los exgobernadores Luis Fortuño y Carlos Romero Barceló y el director ejecutivo de la Asociación Latina para los Principios Conservadores, Alfonso Aguilar, también le habían pedido la renuncia.

En círculos íntimos, se decía que ya el Gobernador preparaba su salida ante la determinación de la Cámara de Representantes de recomendar el residenciamiento y que para eso se tenían 27 votos del total de 34 necesarios. En una reunión con miembros de su Gabinete efectuada después de la marcha del Paro Nacional, el Gobernador se despidió de los funcionarios exhortándoles a que siguieran trabajando por Puerto Rico, "que el país es primero".

El gubernamental Partido Nuevo Progresista parecía no tener prisa en escoger a un sucesor. Se daba largas al asunto con la excusa de que había que dar espacio al Gobernador. Pero tras bastidores se barajaban nombres de los candidatos enfrascados en una lucha de poder.

A Rosselló Nevares lo seguían asediando las renuncias de su equipo cercano. Con la dimisión del ayudante especial Raymond Cruz, y de Ricardo Llerandi que era simultáneamente secretario de la Gobernación, director de la Compañía de Comercio y Exportación y administrador de La Fortaleza, el Gobernador perdió a dos de sus más cercanos colaboradores. Llerandi aludió a razones familiares. "Las amenazas recibidas las puedo tolerar como individuo, pero nunca permitiré que afecten mi hogar…", dejó entrever.

Otros que se unieron a la avalancha de salidas con horas de diferencia fueron los directores de la Autoridad de Financiamiento a la Vivienda, Gerardo Portela y de la Oficina de Asuntos Federales en Puerto Rico (PRFAA), George Laws.

***

El día 24 de julio fue uno muy largo y decisivo. Se cumplía un mes de las denuncias sobre la mafia institucional hechas por el exsecretario de Hacienda y que iniciaron la desestabilización del Gobierno. La noche previa hubo fuertes rumores sobre la llegada de cientos de agentes al aeropuerto para posibles arrestos, que finalmente no ocurrieron.

El Gobernador y el Presidente Cameral habían acordado que la renuncia sería en horas del mediodía, antes de publicarse el informe encomendado por la Cámara a tres abogados, sobre las posibles violaciones a las que se pudo incurrir en el chat. Pero Rosselló Nevares incumplió con el plazo.

Las informaciones se disparaban sin corroborar y la orden del día fueron —lo que se llama en el mundo de las comunicaciones— "las falsas salidas". Mientras, entre las cuentas sociales de los periodistas llovían los "guarda este tuit" y los "recuerda que lo leíste primero aquí".

Otro rumor apuntó a que el Gobernador había renunciado, y que había dejado un mensaje grabado y salido del País esa madrugada. Pero no fue así. Rosselló Nevares había regresado de Dorado y trabajaba en la Mansión Ejecutiva. Como no tenía que salir, ese día vestía una camiseta deportiva con mahón y llevaba una gorra.

Esperaba a dos amigos y pasados colaboradores: el exadministrador de Asuntos Federales, Carlos Mercader y su exsecretario de la Gobernación, William Villafañe, quienes le ayudarían a redactar el mensaje de renuncia. A éstos, se les unió el licenciado Edwin Prado, que fue llamado a La Fortaleza para orientar al Gobernador sobre los alcances de un posible residenciamiento, en caso de optar por no renunciar.

Prado no conocía previamente al Gobernador, pero su presencia fue gestionada por Mercader, amigo de ambos. El abogado le puso al Gobernador las cartas sobre la mesa basado en el proceso contra el presidente Bill Clinton y en la única experiencia de un caso parecido en Puerto Rico: la expulsión del senador Nicolás Nogueras.

En el panorama más optimista y siguiendo el debido proceso de ley, entre vistas y testigos, el juicio legislativo para separarlo del cargo podría tardar lo que restaba del cuatrienio, le advirtió Prado. Fue entonces, en esa mañana que Rosselló Nevares finalmente tomó la decisión: "Aunque yo permanezca 18 meses, el que va a sufrir es el pueblo. De qué me vale gobernar, si esto se ha tornado ingobernable."

El Gobernador hizo un aparte en la reunión con el abogado y en la preparación de su mensaje de renuncia para recibir una visita que él mismo solicitó a último minuto. Quería conocer a la licenciada Roxanna Soto Aguilú, una abogada que posteaba videos con mensajes en su defensa en redes sociales. Además, quería auscultar si ella podía representar a la Primera Dama en caso de complicarse la polémica de Unidos Por Puerto Rico.

***

A media tarde se convocó à la Prensa a La Fortaleza. El secretario de Asuntos Públicos, Anthony Maceira, salía del Departamento de Justicia en donde gestionaba la entrega de su celular cuando recibió la comunicación mediante un tuit. Le extrañó, porque ese día no se había pautado previamente un encuentro con los medios.

A esa hora se había desinflado el rumor de la huida del Gobernador en la noche previa. La apuesta era que estaba en La Fortaleza, pero ningún periodista lo había visto ni se daba información al respecto. Nunca se supo cómo ni quién autorizó la convocatoria. Pero al llegar a la Mansión Ejecutiva, Maceira se enteró que tras el mensaje estaba la mano de la abogada que desde el mediodía había estado en reunión con la Primera Dama. Se decía que la letrada intentaba convencer a Beatriz de que ella debía "calmar las aguas" confirmando ante el pueblo que el Gobernador no iba a renunciar.

Hubo ánimos exaltados. En actitud firme, los más cercanos allegados del Gobernador lo confrontaron y le aconsejaron que la Primera Dama no debía exponerse a la Prensa. El ambiente estaba tenso y no era el momento.

En tanto, el País, pendiente al anuncio que se iba a dar, volvió a paralizarse. A la hora señalada, el salón estaba lleno a capacidad. Por largos minutos, los espectadores que esperaban la transmisión por redes sociales sólo vieron el tiro de cámara fijo en un podio vacío y en segundo plano el correcorre de los preparativos de última hora.

Resuelto el asunto con el Gobernador y la Primera Dama, quedaba por resolver qué hacer con la Prensa que ya se había convocado y que llevaba más de una hora de espera. Entonces, se arguyó "un asunto de seguridad" y funcionarios de la Oficina de Comunicaciones solicitaron a los periodistas y reporteros gráficos a moverse al área de las escalinatas del jardín posterior de La Fortaleza. Los camarógrafos, que ya habían montado su equipo para asegurar el mejor punto de mira, se llevaron la peor parte en la carrera para llegar primero al lugar propuesto.

Los minutos pasaban. La conferencia no empezaba y ya tenía una hora de retraso. La reportera de la transmisión de la antesala en vivo ya no encontraba qué más decir para "estirar el chicle" y era motivo de burla de los cibernautas en la sección de comentarios del medio. La paciencia de los periodistas ya no toleraba más, y los sofocones no se hicieron esperar... La espera era inexcusable.

Pasado el sofocón, Villafañe miró a Maceira como indicándole que a él le tocaba dar cara a los medios.

"Pero, qué voy a decir si no hay anuncio que dar. A este punto, qué hay que se pueda informar...", le cuestionó el Secretario de Asuntos Públicos.

Afuera, la puerta del Túnel de la Fortaleza, que en esos días había permanecido cerrada la mayor parte del tiempo, se abrió por un momento. La Primera Dama, que quedó "vestida y alborotada" en su misión de enfrentar a la Prensa, se asomó por unos segundos, antes de que alguien la volviera a cerrar.

A las 4:00 p.m., mientras la Prensa y el País esperaban aún por la conferencia de prensa, varias guaguas entraron por la parte trasera de la Mansión Ejecutiva. En ese momento y faltando minutos para la hora acordada, el Gobernador canceló una reunión con sus jefes de agencia que se les había anunciado temprano en la mañana. Curiosamente, también se habló de "razones de seguridad".

Tras dos horas de espera, por fin Maceira apareció ante la Prensa. Curiosamente, agentes de seguridad de Fortaleza se colocaron en posición estratégica cerca del funcionario, que se notaba visiblemente nervioso, cansado y con ojos llorosos.

"Sé que son momentos complicados, que ninguno de nosotros hemos vivido anteriormente. Les pido paciencia y les agradezco que estén aquí. Estoy aquí para confirmar distintas especulaciones que han venido corriendo durante el día de hoy... Hoy, el señor Gobernador se estará dirigiendo al pueblo de Puerto Rico directamente en un mensaje en el que se encuentra trabajando al momento...", despachó en un minuto el anuncio, como si pasara por la garganta un buche de purgante.

Las palabras se perdían en el espacio abierto del jardín. "¡No escuchamos...!" "¡Más fuerte!" "¡Tiene que hablar duro, porque nos están maltratando aquí...!", se quejaron los periodistas.

Pero Maceira no dijo más y salió apresuradamente del lugar. Ni confirmó la renuncia de Rosselló Nevares ni permitió preguntas.

"¡Y para eso era!", exclamaban incrédulos los periodistas, mirándose las caras unos a otros. No era para menos... Habían transcurrido dos horas de larga espera desde que se convocó la conferencia de prensa para hacer un anuncio de cuatro oraciones. Todo el país estuvo de acuerdo: El desaire fue calificado como una de las mayores faltas de respeto a la Prensa local.

Esa fue la última presentación de Maceira como Secretario de Asuntos Públicos, aunque por un tiempo adicional dirigió la Autoridad de Puertos. Fue el último de los 12 participantes del chat que salió del escenario político. El funcionario había tenido una participación mínima en el chat y no se le atribuyó comentario ofensivo. Tiempo después confesó que "desde el primer momento en que mi nombre se vio envuelto en la controversia llegué a pensar que lo que me convenía era irme, pero me tocó dar cara. La presión era mucha, especialmente de mi familia…"

Se dijo luego que la movida de la Prensa al patio exterior fue una estrategia para secuestrar la atención de los periodistas y que la Primera Dama pudiera salir de la Mansión Ejecutiva. Inmediatamente después del anuncio de Maceira, fueron cerradas las ventanas del primer piso que daban al Jardín de la Mansión Ejecutiva, y las banderas fueron arriadas, indicio de que el Gobernador no estaba en Palacio.

***

Pasado el plazo del mediodía, surgió el rumor de que el anuncio de renuncia se haría a las 5:00 p.m. Rosselló Nevares ni desmentía, ni confirmaba a nadie. ¡Pero quién podría concentrarse para redactar un mensaje entre llamadas y llamadas y semejante sonsonete de coros, panderos y cencerros a las afueras de sus aposentos! Además, ya no le debía nada al Partido, ni le importaba. Al presidente cameral, Johnny Méndez, lo presionaban para que velara por que el Gobernador cumpliera su parte del trato. Pero a la vez, Méndez quiso mantener su palabra de no divulgar el informe hasta luego de que se diera la renuncia y así no tener que iniciar el proceso de residenciamiento.

Pero el reloj marcó las 5:00 p.m. y el silencio del Gobernador daba indicios de que se había vuelto a echar para atrás. El Presidente de la Cámara lo llamó, sin resultado alguno. Otros legisladores trataron lo mismo. El representante Georgie Navarro le "tiró la toalla" al Ejecutivo diciendo ante los periodistas: "Lo llamé y no lo coge. Pero es que a veces no hay señal". En el chat, Rosselló Nevares había escrito que Navarro tenía "cara de juma épica".

Entonces no hubo más remedio. El Presidente Cameral reveló las conclusiones del Análisis Legal encomendado a los abogados Francisco Reyes, Luis Enrique Rodríguez y José Enrique Colón, y que coincidió con las conclusiones de otros estudios anteriores.

Mientras todo esto pasaba, poco antes de las 6:00 p.m., el Gobernador hizo un aparte en su agenda del día para despedir la visita de la abogada que buscaba contratar para representar a su esposa. La visitante, entusiasmada con el acercamiento, quiso aprovechar la oportunidad única y le pidió tomarse una foto con él y la Primera Dama. Sonrientes, como si aquí no hubiese pasado nada... En ese momento, el Ejecutivo vestía con ropa formal, pues desde poco antes revisaba el texto de su renuncia mientras esperaba por la llegada del camarógrafo y un técnico, para proceder con la grabación del mensaje.

Poco antes de las 7:00 p.m., llegó a La Fortaleza un contingente de agentes policiacos, con refuerzos de la Unidad de Operaciones Tácticas. La movilización hizo temer a muchos un presagio de que podría ocurrir algo peor. A medida que se esparcía la noticia por redes sociales, algunos optaron por salir temprano de San Juan y regresar a sus casas antes de que cayera la noche. Otros lo pensaron dos veces para decidir ir a las manifestaciones.

El Presidente Cameral se cansó de esperar. "Esperábamos un anuncio del Gobernador, de 5:00 a 6:00 p.m. A las 8:00 p.m. no se ha dado ese pronunciamiento y nosotros vamos a actuar", dijo al autoconvocar a una sesión extraordinaria al día siguiente para iniciar el residenciamiento. En ese momento contaba con los 34 votos necesarios.

A pesar de que Beatriz se oponía a que el Gobernador claudicara, Rosselló Nevares accedió a grabar su mensaje de dimisión. Estaba destruido emocionalmente. Además de Beatriz y los técnicos, sólo Maceira, Villafañe, Mercader y el licenciado Prado fueron testigos del momento. El ambiente era tenso, y aparte de las directrices impartidas, sólo se habló lo preciso.

Por momentos, la frágil estabilidad del Gobernador no lo dejó hablar y hubo que detener varias veces la grabación. Rosselló Nevares releyó las notas. Respiró hondo y una vez más indicó que estaba listo para seguir. Pero las palabras se trababan, la voz se ahogaba. El atropellado video fue grabado por partes para finalmente seleccionar las mejores tomas.

GuayoteoPR convocó a un "perreo combativo" esa noche a la entrada de La Fortaleza. Sin embargo, ante el gentío en el lugar la actividad se movió a última hora a las escalinatas de la Catedral de San Juan. La convocatoria provocó una curiosidad general.

Era un poco más de las 7:20 p.m. Como en noches anteriores, el Viejo San Juan parecía un hervidero humano. A esa hora Jorge Rivera Nieves, el hombre ancla de Telenoticias, anunció a los televidentes: "El perreo intenso... acaba de comenzar". No tenía idea de que, con la solemnidad con que pronunció la línea en el grave tono de su voz, la elevó a niveles insospechados de popularidad.

Más de uno, alarmado, puso "el grito en el cielo" y no fueron pocos los ruborizados. Pero ni los ruegos del Arzobispo pudieron impedir que el reguetón invadiera la entrada del "santo recinto".

"A ella le gusta agresivo que la caliente con *dembow*", se escuchaba al reguetonero Arcángel... Las escaleras de la Iglesia se atestaron rápidamente de "muchachería". Unos por curiosidad, otros por el "activismo", otros por estar en el vacilón, lo cierto es que la convocatoria al menos llamó la atención. Pero, a decir de muchos, aquello fue un "despelote", una "cosa del demonio", un "degenere". El Gobernador, era lo de menos.

Estratégicamente posicionada en la parte más alta de la escalinata de la Catedral, una joven ataviada sólo con un bikini de dos piezas llamaba la atención de los presentes. La pelirroja con cabellera en paje y boina en su cabeza estaba maquillada como si fuera un mimo arlequín.

"Papi, dame duro como gaveta que no cierra...", se escuchaba a la Barbie Rican rogándole a Jamsha, el Putipuerco. Algún alma, dentro del santo recinto, se persignaba.

En todo momento, la pelirroja se mantuvo de espaldas a la calle. En la parte trasera de su diminuto bikini, con la bandera de Puerto Rico como motivo de diseño, sólo hubo espacio para el triángulo y la estrella. La pieza dejaba expuestas sus nalgas que retozaban ante la maestría del contorneo de sus caderas. Bailaba como si nadie la estuviera viendo. A su lado, el disc-jockey no dejaba caer el ímpetu musical de la actividad.

"Yo no sé, pero a ella le encanta y siempre me pide: Tan, tan, tan, pa' sus nalgas", tocaba el turno a las voces de Jowell y Randy en los altoparlantes colocados a los lados de las escalinatas de la llamada Casa del Señor.

Poco a poco, el cuadrante de entrada frente a las puertas de la Catedral relegó a las escalinatas y se convirtió en el escenario principal. Allí, una encapuchada con su rostro a medio cubrir, cumplía con su cuota de perreo combativo en pantalón corto y "sport bra".

"¡Hey!, dale chévere. Ponte fresca, fresca y te doy dondequiera", pregonaba la voz de Arcángel. Una de las participantes no dejó dudas de la línea al traducirla con un claro lenguaje gestual.

Otras jóvenes bailaban en los escalones. Cada cual era un mundo aparte. A medio subir, un barbudo entrado en carnes se quitó parcialmente la camiseta y dejó expuesto su flácido abdomen. Trataba de contonearse al ritmo de la música mientras fumaba un cigarrillo. El hombre, que vestía mahón hasta las rodillas, llevó su presentación a otro nivel cuando hizo un *"twerking"* a la vez que con su brazo derecho ondeaba una bandera de Puerto Rico.

"Suelta, suelta como cabetón de Adidas, a la hora de meterle ella se pone las pilas. Ella ronca de fina y es senda bandida…'', retumbaban las bocinas. Otros varones tampoco tuvieron reparos en demostrar hasta dónde también podían llevar sus movimientos pélvicos.

La chica del bikini hizo una pausa en sus "revoluciones" y bajó de espaldas un par de escalones. Entonces, se dejó caer de frente y apoyó sus manos en el suelo del último escalón para dejar a todos atrás con un *"twerking"* acostada. Un hombre se le intentó acercar, pero ella se dio cuenta de las intenciones y lo detuvo al indicarle con un dedo por dónde seguir el camino.

Su ánimo no se detuvo con el "perreus-interruptus" y como si estuviera poseída, hizo un convulso despliegue de un catálogo de posiciones de su baile. A su lado, otra joven intentaba —a todo trote y fallidamente— hacerle la competencia.

Ya en ese momento eran más los participantes. Un flaco aspirante a vedeto, de pantalón cortísimo, hizo entrada en la improvisada tarima usando de reflector la pantalla del celular. Y a su lado, una corpulenta joven tenía asida por detrás la cintura de otra muchacha de grandes espejuelos y lazo de Minnie Mouse, que bailaba con no más vestimenta que un tutú de ballet y un nada sexy corselet que dejaba sus colgantes senos expuestos.

El poco espacio que quedaba en los primeros escalones estaba ocupado por otros jóvenes que entre cigarrillos y cervezas conversaban indiferentes a las intensas manifestaciones de protesta de un lado y al contorneo de caderas, por el otro. Desde la calle, transeúntes y manifestantes grababan la escena con sus celulares. Entonces una voz femenina se oyó en los altoparlantes: "Busquen a su pareja y con cien por ciento de sentimiento, pónganse a perrearrrrrr". Lo de juntar las frases de "cien por ciento de sentimiento" y "a perrear" en una misma oración parecía un mal chiste, pero eso exacerbó el ánimo combativo.

La del bikini sudaba. La piel brillosa de su espalda no dejaba duda de ello. No se había detenido ni por un momento y estaba cansada. Para terminar su acto, asomó su cabeza entre sus piernas separadas de espaldas siempre al público y así, en un sugestivo gesto, saludó para retirarse con broche de oro.

En su columna "Testigos de la maravilla", el escritor y profesor universitario Cezanne Cardona, resumió lo ocurrido en esos días:

> *"Nadie esperaba que la maravilla estuviera en el algoritmo de las redes sociales, en la alternancia de la flor y la piedra, en el perreo combativo frente a la Catedral. Nadie sabía que se podría derrocar a un gobernador con grafiti y coreografía, con adoquines arrancados de raíz, con un postre de balas de goma, con un grajeo de banderas en la calle San Justo, con el mantra "¡Ricky Renuncia!", con el coro "Somos más y no tenemos miedo", con la pancarta que decía: "más bellaqueo y menos corrupción", con la dignidad de "siempre puta pero nunca corrupta".*

***

Tras dos semanas, las protestas en el Viejo San Juan no cesaban: "¡Arriba!, ¡Abajo!, ¡Ricky pa'l carajo!"; "¡Arriba!, ¡Abajo!, ¡Ricky pa'l carajo!"; "¡Arriba!, ¡Abajo!, ¡Ricky pa'l carajo!" Los más jóvenes y atrevidos se trepaban sobre las barricadas de seguridad, desafiando el equilibrio, sin ningún tipo de precaución.

Otros, los más veteranos, volteaban suspicaces la mirada en todas las direcciones de la calle adoquinada, como precaviendo rutas inmediatas de escape. Entre la multitud, un hombre humedeció su dedo índice con saliva y lo levantó para tantear la dirección del viento, y saber así de qué lado tendría que huir de los gases tóxicos en caso de un enfrentamiento.

Sin embargo, su intención como la de sus compañeros era quedarse allí, honrar la palabra "resistencia". Esa tarde, la intersección parecía estar más concurrida que nunca antes, si es que humanamente eso era posible.

Cerca de la entrada de La Fortaleza, una manifestante con dotes de liderato se esforzaba por dejarse escuchar. Quería que los más cercanos se sentaran en la calle de espaldas a la Policía. De esa manera, evitaban que se les acusara de provocación y se les usara injustificadamente como "carne de cañón", pero no estaban tan seguros de lograrlo.

"Estamos en paz. Sí a la paz, no a la guerra", decían los que estaban sentados más cercanos al portón de La Fortaleza. El estribillo fue repetido a coro.

Los que realizaban el acto de desobediencia civil bloquearon la calle, por lo que los transeúntes tenían la única opción de tomar las atestadas aceras a los lados. De pronto, una ristra de petardos hizo saltar a más de uno, tirando a algunos a la calle.

Los agentes de la Policía y de la Unidad de Operaciones Tácticas estaban ojo avizor en espera de una orden de movilización. Los que estaban sentados intentaron ponerse de pie. La formación empezó a desintegrarse.
"No, coño, quédense en el piso", "No se paren, que ya pasó", se repetían la directriz unos a otros. "¡Al piso, al piso!" "¡Viene, todo el mundo pa'l piso!", gritaban a los de atrás. La formación se fue haciendo mayor. Cientos de manifestantes se agacharon.

"Silencio... Silencio... Queremos hacer un minuto de silencio…", trataba de hacerse escuchar la líder de la iniciativa.

El tiempo apremiaba, porque no se sabía en qué momento podía ocurrir el detonante de un estallido de violencia. Alguien llegó con un altavoz y se lo pasó a la joven. "¿Me escuchan? Vamos a hacer un minuto de silencio por las víctimas de María". Entonces, por unos breves momentos, el ambiente fue otro… Hay silencios que son elocuentes y aquel desgarraba.

"¡Ricky, renuncia… y llévate a la Junta!, ¡Ricky, renuncia… y llévate a la Junta!, ¡Ricky, renuncia… y llévate a la Junta!", repetía el coro de un "bembé" formado en las calles adoquinadas.

Entre el bullicio y la oscuridad de la noche era casi imposible notarlo, pero algunas personas empezaron a posicionar bocinas en puntos estratégicos, como si se fuera a dar un gran anuncio. El reloj marcaba su tiempo.

Las 11 en punto y nada. "Todo en calma y sereno".

Las 11:30 y nada…

"Pum, pum, pum, pum… pum prucutú, tantún, tantún, tantún", repicaban las tumbadoras. "Tac, tac, tac, tac", respondían los cencerros.

En algún lugar de San Juan alguien se dio cuenta de que algo andaba mal. ¿Qué pudo haber pasado? Una llamada telefónica llevó a la otra, y ésta a otra más… El técnico que programó la transmisión del mensaje en la cuenta de *Facebook* de La Fortaleza había retrasado por error la hora acordada.

***

Finalmente, a las 11:53 de la noche del 24 de julio, inició la transmisión... Callaron las pleneras y los pitos y cesó la percusión en la calle. Hubo una calma general. Quizá fue el primer silencio prolongado en las dos semanas que duraron las manifestaciones. Todos escucharon atentos.

El Gobernador vistió un traje azul oscuro con corbata en tonalidades celestes. Se veía más delgado y lucía pálido, como en las últimas semanas. Sus hombros caídos lo hacían ver disminuido, pues se dejaba ver aún más el espaldar de la silla.

El mensaje duró 14 minutos que parecieron una eternidad, una disertación extraña que comenzó con el repaso del trabajo realizado en más de dos años en la gobernación. La gente escuchaba y escuchaba... "Pero, sí, ajá. ¿Y va a renunciar?", gritó uno. A su alrededor, los demás rieron. Alguien mandó a callar.

"Estaba dispuesto a enfrentar cualquier reto, teniendo pleno entendimiento de que prevalecería ante cualquier imputación, cualquier proceso... Hoy, siento que continuar en esta posición representa una dificultad para que el éxito alcanzado perdure..."

En las adoquinadas calles, las personas tenían alzadas las pantallas de sus celulares prestas a capturar el histórico momento. Gestos de desespero, rostros con ojos cerrados, algunos con las manos entrelazadas en actitud de ruego, se multiplicaban por doquier en ese momento.

"Luego de escuchar el reclamo, hablar con mi familia, pensar en mis hijos y en oración, he tomado la siguiente decisión...con desprendimiento, hoy les anuncio que estaré renunciando..."

No se escuchó más. El anuncio oficial fue ahogado por un gran estruendo de júbilo entre saltos de alegría, aplausos, golpes de cacerolas, toques de cencerros, bocinas presurizadas y abrazos de amigos y desconocidos (algunos apretones se hicieron sin prisa). Allí, entre quienes daban rienda suelta a sus emociones, estaban algunos del centenar que el primer día se congregó a protestar frente a los portones de Fortaleza sin apenas vigilancia policiaca.

La dimisión era efectiva a las 5:00 de la tarde del viernes 2 de agosto. Ricardo Rosselló al fin "tiró la toalla y tocó la soga", como se diría en el argot del boxeo.

La emotiva e histórica escena se vivió también en las cuatro esquinas de la Isla y en cualquier lugar del mundo en donde hubiese un boricua. Era un júbilo que dejó pequeña a la emoción sentida como nación al ganar un campeonato deportivo o un certamen de belleza. Y de eso, Puerto Rico sabe. Un sentimiento que trascendió: un alivio a la ansiedad colectiva que nos ahogaba. Al fin se podía respirar y aspirar a volver a la normalidad o lo que fuera que se viviera un mes antes. "Una noche de esas que narran los libros de historia y que uno cree que nunca va a vivir", resumió un usuario de redes sociales.

La barricada de seguridad colocada en la llamada esquina de la Resistencia estuvo a punto de virarse, pues los manifestantes se trepaban sobre ella en el éxtasis del momento. La Fortaleza, el también llamado Palacio de Santa Catalina iluminado con luces tenues, era el único rincón de San Juan que lucía en solemne soledad.

En aquel mágico momento, el cielo se alumbró con el resplandor de fuegos artificiales... En pantallas de celulares y monitores, el Gobernador seguía con su mensaje. Señaló a la Secretaria de Justicia como su sucesora, y adelantó que trabajaría en asuntos relacionados con la transición. En ese punto, eran pocos los que aún le escuchaban.

Las banderas eran ondeadas con más fuerza. El clamor de "¡Ricky renuncia!" inmediatamente fue sustituido por el de "¡Yo soy boricua, pa' que tú lo sepas!".

Algunos guardias, aún en estricta formación, lloraban. Una joven entregaba unas flores amarillas a cada uno. "¿Me dejan abrazarlos?", les preguntó. Ellos, conmovidos, accedieron.

"Despierta Borinqueño, que han dado la señal, despierta de ese sueño que es hora de luchar", se escuchaba a coro la versión revolucionaria y original del himno La Borinqueña, ésa que pocos saben de memoria porque no se enseña en las escuelas. Había que vivir ese momento, atesorarlo, disfrutarlo. Era preciso defender esa alegría.

En los primeros minutos de aquella algarabía nacional, el almanaque alcanzó el día 25 de julio, fecha de profundo significado histórico en que se recuerda la proclamación de la Isla como provincia española en 1812, la invasión estadounidense en 1898 —tras sólo una semana de nuestro primer y único Gobierno Autónomo—, la instauración del Estado Libre Asociado y su Constitución en 1952 y, con ello, la legalización de portar nuestra bandera nacional hasta entonces proscrita y, finalmente, los asesinatos de dos jóvenes independentistas en el Cerro Maravilla en 1978.

En la entrada a la isleta de San Juan, el ambiente también era similar al de una noche de victoria electoral. Los automovilistas saludaban con bocinazos. Otros aceleraban los motores de sus vehículos. Algún pasajero, bandera en mano, asomaba medio cuerpo por las ventanillas de los automóviles. Una pareja bailaba en medio de la vía pública, ajena a los vehículos que pasaban por su lado. Cerca, algunos motoristas hacían gala de sus destrezas.

Fuera del territorio nacional, a esta hora algún puertorriqueño o puertorriqueña lloraba lágrimas de emoción viendo las imágenes de la celebración. Era inevitable el sentimiento de culpa que da la ausencia y tener el deseo de estar allí, entre los suyos.

En un mundo ideal, la renuncia del incumbente ante el clamor del pueblo y la sucesión organizada de un sucesor hubiese sido el final de la trama. Pero en Puerto Rico no fue así: se comenzaba a escribir a partir de esa noche un capítulo de la historia jamás vivido antes.

Tras comunicar su dimisión, al Gobernador no se le vería más por La Fortaleza, pues durante la semana restante trabajó fuera de la Mansión Ejecutiva. Rosselló Nevares no fue el Primer Ejecutivo renunciante. En 1934, Robert Hayes Gore, nombrado gobernador de la Isla por el presidente Franklin Delano Roosevelt, renunció ante señalamientos de falta de tacto en el trato con los puertorriqueños, diferencias irreconciliables con líderes políticos locales y crasa inexperiencia administrativa.

Durante la jornada de protestas, personal del Instituto de Cultura, brigadas municipales, de Obras Públicas, y de la Administración de Corrección y Rehabilitación, trabajaron junto a la empresa Waste Management, la Corporación de Desarrollo del Viejo San Juan (Codevisa) y otros voluntarios, en la limpieza de las calles y la colocación de tormenteras en los negocios.

"... y el gentío rompía las ventanas a las cinco de la tarde..."

El retoque de pintura se realizó acorde con los códigos de color y otras especificaciones seguidas en la zona histórica. El plan de limpieza y la restauración de tiestos, adoquines, sombrillas y letreros destruidos, fueron reforzados con una campaña de apoyo y auspicio a los negocios del Viejo San Juan. Sorpresivamente, algunos de los comerciantes entrevistados expresaron que el vandalismo con grafiti en las fachadas era preferible a la corrupción gubernamental que había sido repudiada en las manifestaciones.

***

Más de doce horas después de que Rosselló Nevares comunicó su renuncia al País, a las 12:30 p.m. del 25 de julio le fue entregada la comunicación oficial a los presidentes legislativos y a la jueza presidenta del Tribunal Supremo, Maite Oronoz. El contenido de la carta era prácticamente copia del mensaje leído al País pero, lejos de disipar las dudas, levantó suspicacias al no especificar que la dimisión era final y firme.

La entrega de la misiva era requisito para que no se diera paso al residenciamiento. Finalmente, el documento fue entregado al Presidente Cameral pero con siete minutos de retraso del plazo, cuando el cuerpo legislativo ya había iniciado la sesión que fue interrumpida. Se rumoraba que Rosselló Nevares era una especie de gobernador fugitivo que buscaba negociar un indulto con su sucesor, en caso de que llegara a ser acusado por los delitos que pudiera haber cometido en el chat.

Curiosamente, un mes antes —el 25 de junio y previo al inicio de las protestas— la escritora y columnista Mayra Montero vaticinó lo impensable:

> *"Rebajado por una Junta de Control Fiscal. Obligado a destituir a su principal jefe de gabinete. Ignorado, desdeñado públicamente por el Presidente de los Estados Unidos: Gobernador, ¿por qué no hace mutis? Uno pensaría que ante la imposibilidad de*

romper con la metrópoli –porque sería una ruptura traumática, impensable, sin un centavo para un chicle, eso júrelo– el único golpe a su alcance es la renuncia..."

"Antes de que su cargo pierda toda dignidad de mando, el Gobernador debe dejarlo en manos del Secretario de Estado o de la de Justicia. Un palo. ¿Que esto es algo inédito en Puerto Rico? Sí, pero inéditas son todas las cosas, perversas y continuas, que están ocurriendo. Sepa que no le esperan más que malos ratos. Que no se lo agradece nadie, ni los de su partido".

La crisis se agravó más ante la ausencia de un Secretario de Estado, primero en la línea de sucesión, y ante un sistema que no adelanta la celebración de elecciones. Tan pronto se previó que la Secretaria de Justicia pudiera ser gobernadora, se reanudaron las manifestaciones frente a La Fortaleza. "¡Que llueva, que llueva, que Wanda va pa' fuera!", gritaba un gentío a poco de saberse de la renuncia del Gobernador. ''Yo sobreviví a María y derroté a Ricky. Trátame de 'usted y tenga'", leía una pancarta.

Sin embargo, Wanda Vázquez estaba renuente a asumir la gobernación por los 17 meses restantes y no tenía reparos en expresarlo públicamente. "Es un dictamen constitucional. Espero que el señor Gobernador someta un candidato para el puesto de Secretario/a de Estado antes del 2 de agosto y así se lo he manifestado", escribió en su cuenta de *Twitter*.

Después, Vázquez Garced bajó el tono y expresó que trabajaría en conjunto para garantizar una transición ordenada. "Cuando se haga efectiva la renuncia, de ser necesario, asumiré la encomienda histórica que nos impone la Constitución del Estado Libre Asociado de Puerto Rico", dejó finalmente para récord, pues de lo contrario debía renunciar. De ser así, la situación se agravaría pues el tercer funcionario en la línea de sucesión era el Secretario de Hacienda, Francisco Parés, que no contaba con la edad reglamentaria para asumir la gobernación.

La ambivalencia de la Secretaria de Justicia dio margen a una lucha de poder tras bastidores entre el presidente del Senado, Thomas Rivera Schatz y la comisionada residente, Jennifer González.

Además de que ocuparía la gobernación sin ser elegida, Vázquez Garced tenía esqueletos en el clóset. Ante la opinión pública, se percibía a la funcionaria como parte del sistema y no se le podía desligar de la repudiada Administración Rosselló ni de los señalamientos sobre intervenciones indebidas, dilación o desentendimiento de investigaciones del Departamento de Justicia.

Además de los nombres del Presidente del Senado y de la Comisionada Residente para ocupar la Secretaría de Estado, se barajaban otras opciones, como el senador Larry Seilhammer; el alcalde de Bayamón, Ramón Luis Rivera; el exsecretario de Estado, Kenneth McClintock y el ex comisionado residente, Pedro Pierluisi. De todos, Rivera Schatz, que había asumido las riendas del Partido, era el candidato que más fuerte se escuchaba, pero eran conocidas sus confrontaciones y ataques intimidatorios, y el País no estaba para estilos dictatoriales.

***

La aparición en esos días de la licenciada Roxanna Soto Aguilú en el programa Jugando Pelota Dura acaparó la atención de su teleaudiencia. La abogada se presentó como representante legal de la familia Rosselló Areizaga. Horas antes, la Primera Dama había exhortado mediante sus redes sociales a ver el programa, lo que se interpretó como que ella iba a comparecer. Pero no fue así.

Los panelistas parecieron turbados cuando al inicio de su presentación la abogada explicó al mantenedor, Ferdinand Mercado, que sus expresiones en el programa estaban autorizadas por la Primera Familia.

En sus cuentas sociales y en anuncios en YouTube, la letrada se mercadea como "La Abogada Motorizada", por su afición a conducir motoras. Esto hizo cuestionar a los panelistas por qué el Gobernador no había contactado a un abogado de algún bufete reconocido. "Para ser inteligente no hay que estar en los medios", les respondió. La abogada explicó que planteamientos suyos en defensa del Gobernador, hechos en sus cuentas sociales, habrían llegado al Primer Ejecutivo. "Mi contratación no requiere compensación… como siempre he hecho", dijo al aclarar en actitud defensiva que trabajaba pro bono para causas nobles y controversiales.

A preguntas de los panelistas, la licenciada Soto Aguilú confirmó que dos días antes —en la mañana del día de la renuncia— iba de camino al Tribunal De Caguas cuando recibió una llamada desde La Fortaleza, pues el Gobernador quería reunirse con ella. Eso la tomó por sorpresa porque ella nunca lo había visto personalmente.

Narró que tras ser recibida por el Gobernador, él la hizo reunir ese día con la Primera Dama y ésta le expresó su preocupación sobre los señalamientos de manejo de fondos de Unidos por Puerto Rico. La abogada negó que Beatriz Rosselló hubiese sido entrevistada por el FBI.

La abogada mostró varias fotos que se tomó ese día con el Gobernador y la Primera Dama, en las que aparentaban la relajación de un día cualquiera... como si se conocieran de siempre. "Soy la primera línea de defensa del Gobernador de Puerto Rico... El Gobernador no me pidió. Yo me ofrecí y el Gobernador aceptó", les aclaró, con énfasis en sus palabras. Explicó que Rosselló Nevares le expresó que tenía ante sí tres alternativas: 1) fungir como un pararrayo de todos los ataques, aunque no hubiese comenzado el proceso de residenciamiento; 2) enfrentar el proceso (por lo que el Gobernador evaluaba el costo del erario, ó 3) someter la renuncia basada en la seguridad y el bienestar de su familia.

"¿De qué va a defender al Gobernador?", le cuestionó el mantenedor del programa, aún confundido y siendo cauto en sus preguntas.

"En caso de que se abra un proceso de residenciamiento... es un caso en defensa de la Primera Enmienda, de libertad de expresión chocando con el derecho a la intimidad...", le respondió la licenciada Soto Aguilú. A renglón seguido, refraseó el planteamiento inicial y aclaró que el Gobernador no era su cliente. "Yo estoy autorizada por la señora a hablar por ella... Soy la abogada de Beatriz Rosselló".

La entrevista tenía los minutos contados, pero antes había que confirmar "ciertos detallitos". La letrada mencionó entonces detalles de la vida personal del Gobernador y su familia, a partir de lo que vio o escuchó en las horas en que estuvo de visita en La Fortaleza. "Ella (la Primera Dama) no salió del País... cuando se intensifican las amenazas de muerte a la Primera Familia, el doctor Pedro Rosselló saca a los niños del País con autorización de sus padres", relató la abogada.

Finalmente, narró que al salir del Palacio de Santa Catalina poco antes de las 6 de la tarde del día 24, le pidió al Gobernador que no renunciara. Aunque tras de eso no volvió a verlo, Soto Aguilú aseguró que la dimisión era final y firme. Su presencia en el programa con relación al caso fue debut y despedida. Semanas después, fuera de la gobernación, Rosselló Nevares contrató al licenciado Harry Padilla como su defensor principal ante los señalamientos relacionados con el chat.

***

M eses después, el 13 de febrero de 2020, se determinó asignar un Fiscal Especial Independiente para investigar las actuaciones de sólo seis de los doce implicados en el chat. Entre ellos, el exgobernador Ricardo Rosselló; el asesor legal, Alfonso Orona; el exsecretario de Asuntos Públicos, Ramón Rosario y el publicista Edwin Miranda, que pudieran enfrentar cargos por incumplimiento en el deber y negligencia en el cumplimiento del deber. A Miranda también se le señala porque pudo haber incurrido en delitos de falsedad ideológica e intervención indebida en operaciones gubernamentales. Por su parte, el exrepresentante ante la Junta de Supervisión Fiscal y director de AAFAF, Christian Sobrino sería investigado por amenaza y como al cabildero Elías Fernando Sánchez Sifonte, también por influencia indebida y posible aprovechamiento ilícito de trabajos o servicios.

Se excluyó de la investigación al exsecretario de Estado, Luis G. Rivera Marín; al exsecretario de Gobernación y de Hacienda, Raúl Maldonado; al exsecretario de la Gobernación, Ricardo Llerandi; al exsecretario de Asuntos Públicos, Anthony Maceira y a los contratistas Carlos Bermúdez y Rafael Cerame.

***

El mes de julio pasaba la página. A un par de días para cumplirse el plazo de renuncia, un grupo de simpatizantes convocó al acto de apoyo "Ricky Se Queda" que se celebró en las inmediaciones del Centro de Convenciones Pedro Rosselló. Días antes, la Organización Servidores Públicos Estadistas había llamado a otro acto de apoyo al Gobernador en las escalinatas del Capitolio, pero una leve lluvia de último minuto —por dar alguna excusa— malogró cualquier esperanza de asistencia. No hubo nadie. Nadie.

Este segundo intento fue una actividad de corte religioso, a la que asistió un centenar de personas, algunas con banderas de Estados Unidos y otras portando pancartas con mensajes como "Ricky, estamos contigo". La Primera Dama no se presentó a pesar de que se corrió el rumor de que haría acto de presencia.

De fondo en los altavoces se escuchaba lo que parecía ser la voz del exgobernador Pedro Rosselló proclamando las bondades de la unión permanente con Estados Unidos. Una señora, micrófono en mano, pidió a los presentes hacer una formación en círculo en el área de entrada al Centro de Convenciones.

"A los cacheteros que viven fuera del país...", vociferó uno en abierta crítica a los actores y cantantes que estuvieron en la Isla y participaron de las protestas, "...no somos charlatanes, vivimos en Puerto Rico, no venimos aquí sólo a cantar. Estamos en nuestra patria y yo no les tengo miedo. Que vengan aquí, por qué no vienen aquí...", desafió a la clase artística.

"Y Ricky se queda. Que aprenda como su padre que se amarró los pantalones. Que espere al 2020", reclamó gesticulando en actitud de regaño una señora mientras agitaba con la mano una banderita de Estados Unidos.

La del micrófono inició una oración. Por momentos el clamor en su voz ganaba intensidad. Mientras, ella caminaba en pasos largos en medio del círculo humano y pedía intercesión "por Ricardo y Beatriz en el nombre de Jesús..." A la vez, imploraba al "único que puede castigar y que puede gobernar y que pone y quita reyes". Otros más tomaron la batuta para implorar ante el micrófono a que el País se uniera por la Primera Familia.

Una de las asistentes denunció que en las protestas para exigir la renuncia del Gobernador "pidieron 'pon' todos los socialistas de este país". "Él es el gobernador 'eleSSto' de Puerto Rico", enfatizó, para dejar claro su reclamo.

"Miren lo que pasó en Cuba, miren lo que pasó en Venezuela...", alertó un señor mayor de edad. "Eso es lo que quiere la Prensa, vernos pelear entre hermanos puertorriqueños. Ustedes están creando un caos en Puerto Rico... Aquí se estranguló la democracia. De ahora pa'lante ningún gobernador podrá terminar sus cuatro años... Esto va a ser una dictadura...", advirtió. El hombre sacó su celular y mientras lo agitaba con su mano, aclaró: "nosotros no somos zánganos. Aquí cada uno tiene un celular en el bolsillo, cada uno tiene una computadora. Aquí los jíbaros se acabaron".

Ese era el mismo pueblo creyente al que el equipo de relaciones públicas del Gobernador quiso impresionar cuando días antes lo llevó a pedir perdón en el púlpito de la Iglesia El Calvario.

"Con todo el respeto ...", le dijo un entrevistador aficionado, "dorándole la píldora" a una señora, a la que ante una cámara de video le había preguntado sobre su razón de estar allí. "Él dijo que cogía de pendejo hasta los nuestros", le soltó el hombre.

Pero tras ella, otra señora, indignada quizás porque las cosas —pensaría la doña— no hay que tomarlas al pie de la letra, le miró retadora y le respondió:

"¡Pero él no dijo de qué pendejos hablaba!"

DE CRISIS POLÍTICA A CRISIS CONSTITUCIONAL

El 30 de julio, a tres días de su renuncia, Rosselló Nevares anunció la nominación de Pedro Pierluisi como Secretario de Estado. El día antes lo comunicó en privado al liderato legislativo. Tan temprano como una semana antes, el abogado había hecho clara su disponibilidad, días después de reunirse con el Gobernador en la casa de playa de El Convento, en Fajardo.

Entre sus credenciales estaba la de haber sido Secretario de Justicia y Comisionado Residente. Era presidente del PNP, cuando en el 2016 fue retado por Rosselló Nevares en su precandidatura a la gobernación. Por eso, la nominación tomó a muchos por sorpresa. Todos recordaban cómo Pierluisi desenmascaró en los debates primaristas la falta de experiencia laboral y administrativa de Rosselló.

La duda que quedó en el aire fue por qué la selección. Con esa ficha, el Gobernador le trancó la jugada a Rivera Schatz, favorecido por algunos de la vieja guardia para ser Secretario de Estado, y lo dejó con las manos vacías cuando más cerca estuvo de aspirar a la Gobernación. Quizás, fue para hacer enojar al Presidente Senatorial o al partido político que representaba y que le había dado la espalda o, tal vez, para hacer enojar al País…

Como servidor público, Pedro Pierluisi tenía una trayectoria intachable. Por su carácter conciliador contaba con la capacidad de caer bien fuera de líneas partidistas. Su trayectoria profesional, inspiraba seguridad. Sin embargo, tenía su "talón de Aquiles": era abogado del bufete O'Neill y Borges, que le servía a la Junta de Supervisión Fiscal. Ante la nominación, Pierluisi se tomó una licencia laboral.

El letrado tenía un plazo de 72 horas para salir airoso con su nombramiento ante la Asamblea Legislativa o pagar factura ante el señalado conflicto de interés: ¿estaría del lado de la Junta y sus exigencias... o del pueblo y sus necesidades?

La cúpula del PNP se dividió entre los que hubiesen preferido al Presidente del Senado y los que apoyaban a Pierluisi. Al conocer la noticia, Rivera Schatz llamó al programa radial del analista político Luis Dávila Colón. Aunque la llamada no debía ser transmitida al aire, se escuchó cuando el líder senatorial adelantó su "azote": Pierluisi sería colgado en la vista senatorial.

En una columna de opinión titulada "El golpe de estado de Rivera Schatz", en la que analizó los últimos sucesos de la saga del verano, el exgobernador Aníbal Acevedo Vilá adelantó:

> *"La primera parte del plan es colgar la nominación de Pierluisi. Eso obligara a Wanda Vázquez a asumir la gobernación. Si Wanda renuncia, el plan se acelera. El Secretario de Educación, Eligio Hernández, que por mandato de ley sería el gobernador porque es el siguiente en la línea de sucesión, es un activista del PNP y es fácil anticipar que nombraría a Tommy como Secretario de Estado, para cederle la gobernación rápidamente. Si Wanda decide asumir el cargo, ella no va a poder gobernar. Aparte del repudio del país, no tendría apoyo político dentro del PNP... Con Wanda en Fortaleza, Tommy sería el gobernador de facto..."*

***

El miércoles, 31 de julio, Pierluisi juró como Secretario de Estado. A diferencia de otras posiciones en el

Gabinete, el Secretario de Estado debe ser confirmado por Cámara y Senado. El Gobernador convocó a una sesión extraordinaria de la Legislatura para decidir la nominación, pero en ese momento, Pierluisi no contaba con los 16 votos necesarios para la confirmación en el Senado.

Entonces surgió un debate: como Rosselló Nevares hizo el nombramiento estando en receso la Asamblea Legislativa, la ley 7 de 2005 hacía una excepción y permitía que el Secretario de Estado actuara sin la previa confirmación de ambos cuerpos legislativos. De esa manera, Pierluisi podría asumir la gobernación tan pronto como Rosselló renunciara.

La ley era de la autoría de la entonces representante Jennifer González, y fue firmada por el gobernador Aníbal Acevedo Vilá. Fue redactada ante el posible escenario de una vacante en la gobernación, antes de la primera sesión ordinaria en un primer cuatrienio, en el que es posible que el Secretario de Estado, sin haber sido confirmado, aunque sí juramentado, pudiese fungir de gobernador.

Sin embargo, la ley era confusa, pues hacía referencia exclusivamente al caso excepcional en que el gobernador no pudiese asumir el cargo, o lo haga, pero eventualmente surge la vacante en la Gobernación, sin haber un Secretario de Estado. Otra interpretación sería contraria a la Constitución. También quedaba en entredicho y abonaba al debate de si la gobernación correspondía a Pierluisi o a Wanda Vázquez, como primera en la línea de sucesión. De no resolverse el dilema, en unas horas, el País pudiera tener dos gobernadores, lo que tendría que ser resuelto entonces por el Tribunal. Se sugirió que el Gobernador retrasara su renuncia, pero entonces el remedio sería peor que la enfermedad.

La sesión extraordinaria acaparó la atención del País, que esperaba el desenlace de la trama como si fuera una telenovela que le había tenido "pegado" hacía más de un mes. En tanto, con su habitual sentido de supervivencia para sacar algo de humor al drama político, el puertorriqueño recurría a los memes para hacer sus apuestas y repasar las posibilidades mediante las redes sociales.

El tiempo apremiaba antes de que se hiciera efectiva la renuncia del Gobernador, por lo que el jueves 1ro. de agosto, Pierluisi pidió reunirse con el Presidente del Senado. Precisamente, se encontraba en la sala de espera de la oficina del líder senatorial esperando por la reunión concertada cuando le tomó por sorpresa saber que había iniciado la vista de su confirmación.

Rivera Schatz decidió convocar a esa hora a los senadores al hemiciclo y el debate se escuchó en la Sala de Espera. Pierluisi, naturalmente, decidió presenciarlo.

En el hemiciclo senatorial, el Presidente del Senado hacía gala de su oratoria como en sus mejores tiempos de fiscal. Rivera Schatz despotricaba contra la Prensa y contra sus compañeros legislativos a quienes acusó de "arrodillarse" ante el nominado Secretario de Estado.

"No sacó la cara por Puerto Rico en ningún momento... A mí no me inspira confianza. El abogado de quien ha sido el enemigo número uno del País, no puede estar al mando de Puerto Rico", decía el líder senatorial en su exposición, con la que rechazó de antemano al nominado, como ya había anticipado.

Al llegar a las gradas, que se suponía estuvieran abiertas al público, Pierluisi encontró cerrado el acceso. Entonces, se dirigió a donde estaba la Prensa, pero los ujieres tenían instrucciones de no dejarlo pasar. Con actitud firme, insistió en que se le dejara entrar.

"Están hablando de mí, déjame presenciar el debate", insistió al ujier en tono conciliador. Tan pronto la Prensa se percató de su presencia, lo rodeó a prudente distancia para que pudiera ver el debate, desde un rincón, impávido y de pie.

"Pierluisi dice que esas lealtades quedaron atrás. ¿En serio? ¿Las lealtades de Pedro Pierluisi caducan? ¿Cuándo van a caducar las del día de hoy? Que me diga cuándo es la fecha de expiración. Ese, que fue abogado de la Junta...", tronaba Rivera Schatz, que en un momento dado, se percató de la presencia del nominado y bajó el tono de su discurso. Con alguna excepción, la diatriba del Presidente Senatorial no fue enfrentada por los legisladores de su partido ni de la oposición.

El periódico El Nuevo Día denunció el atropello en un editorial en el que expuso:

> *"El día en que la historia puso en las manos legislativas la oportunidad gloriosa de fortalecer la gobernanza y la democracia puertorriqueña, Thomas Rivera Schatz le dio la espalda a la gente. Confirmó ser exactamente todo lo que Puerto Rico no necesita y no quiere: un individuo cuya lealtad es la propia, indiferente al desasosiego y al caos que sus palabras y acciones provocan..."*

Y es que en abierto desafío, Rivera Schatz secuestró el debido proceso constitucional, negó a Pierluisi la oportunidad de defender su nominación y pospuso la votación para el lunes 5 de agosto. Al Rivera Schatz dejar pasar así la hora en que era efectiva la renuncia del Gobernador, Pierluisi no podría asumir la gobernación... y el Senado se libraría de cualquier culpa.

Sobre la atropellada sesión, la columnista Mayra Montero escribió:

> *"No todo es culpa de Rivera Schatz. Ni siquiera puede decirse que es el personaje principal... El bravucón que se deshace en improperios. Los demás, yo diría que son peores. Han aceptado con gusto el papel de víctimas del Presidente del Senado, acatando sus diatribas o declarándose impotentes para contrariarlo. Se dice que... le deben favores, pero que parece que éste no es el momento para pagar deudas de esa naturaleza. Por lo tanto, son cómplices y están provocando una escalada en la crisis, una etapa de inmoralidad inaudita en los anales del País".*

***

El turno en la Cámara fue el día siguiente, el viernes 2 de agosto, a horas del plazo de renuncia. En la vista, Pierluisi tuvo oportunidad de hablar de su trayectoria profesional, y en su tono pausado y con gran paciencia respondió a las interrogantes de los representantes, sobre todo las relacionadas con sus nexos con la Junta de Supervisión Fiscal y con su entonces presidente José Carrión III (Tres Palitos, le dicen en tono de broma) con quien le unen lazos familiares.

Al abogado se le cuestionó como con un sueldo anual en la empresa privada que alcanza las seis cifras, quería ser gobernador "por amor al País". La línea de preguntas giró en torno a sus lealtades: "o estás con la Junta Fiscal o estás con el pueblo".

La vista fue televisada y transmitida por redes sociales. En contraste con la falta de preparación y preguntas repetitivas — por lo que fue criticada la mayoría de los legisladores— el representante Manuel Natal sometió al nominado a una encerrona estratégica mediante un atropellado interrogatorio en el que preestableció que la respuesta fuera un sí o un no. Pierluisi, evidentemente nervioso y en tono diplomático, se esforzó a veces infructuosamente en aclarar sus respuestas con detalles.

Llegado el momento decisivo, la votación se pospuso, pues el deponente no había completado la entrega de documentos requeridos. Ante eso y fuera del ojo público, el senador Georgie Navarro, presidente de la Comisión de Gobierno, transó por que Pierluisi prestara en su lugar una declaración jurada. El receso también fue aprovechado para el inicio de un intenso cabildeo fuera del ojo público, encabezado por el cuñado del nominado, Andrés Guillemard. En tanto, algunos representantes indecisos también se entrevistaron con Pierluisi en la oficina del representante Navarro.

"Resultado: 26 votos a favor, 21 en contra", se anunció el veredicto de la votación de la Cámara de Representantes. Hubo aplausos en las gradas. La cantidad de votos fue la mínima necesaria para la confirmación y se logró a pesar de la oposición de toda la delegación popular, del representante independentista Dennis Márquez y del legislador independiente Manuel Natal.

En ese momento, faltaba poco más de una hora para hacerse efectiva la renuncia del Primer Ejecutivo. El abogado había hecho un análisis legal de la situación para tomar su decisión y se aseguró de que el Departamento de Justicia, en voz del Procurador General, defendería su juramentación. Tras la postura del Senado de posponer su voto, Pierluisi se comunicó por teléfono con el Gobernador para auscultar el próximo paso a seguir. Luego llamó a la oficina de la Secretaria de Justicia para anunciarle que iba a jurar. Wanda Vázquez ya se había preparado y tenía todo listo con su familia para dar el paso que le correspondía por derecho, pero Pierluisi no escuchó —ni hubo— objeción al otro lado de la línea.

Al colgar la llamada, Wanda Vázquez avisó de la cancelación de planes a los suyos y a la jueza presidenta del Tribunal Supremo, Maite D. Oronoz, y se marchó a su casa... con el "tapón" de tráfico de un viernes a las 4:00 p.m.

A las 4:30 p.m., Pierluisi llamó a la jueza del Tribunal de Apelaciones, Luisa Colom, persona de su confianza, y le pidió encontrarse con él a la mayor brevedad en el apartamento de su cuñado Andrés Guillemard. Se imponía el secretismo por obvias razones. Pensaba que, de todas formas, si el Senado no confirmaba su nombramiento se haría a un lado y la Secretaria de Justicia sería la gobernadora.

El reloj marcaba su paso y no se asomaba una salida en la encrucijada que vivía el País. A 10 minutos para las 5:00 de la tarde, aún no se sabía quién asumiría la Gobernación y mucho menos dónde se llevaría a cabo el acto de juramentación. Fue a esa hora cuando "coincidentemente", el Departamento de

Justicia refirió al Panel del Fiscal Especial Independiente iniciar una investigación sobre el chat de Telegram.

***

Mientras eso ocurría, una guagua de mudanzas salía a toda prisa de Fortaleza por el portón a la calle Clara Lair, cercano al Monumento de La Rogativa. Una lona cubría los muebles que llevaba en el cajón de carga. Antes, otras camionetas llevaron cajas y muebles de cuarto de niños.

La parte trasera del Palacio de Santa Catalina estaba fuertemente custodiada. Varias personas se habían congregado allí a la espera de la posible salida de Rosselló Nevares. Ya era un hecho que no pudo impedir ni la visita a última hora del reverendo Jorge Raschke para intentar convencerlo. La entrada principal estaba bloqueada por la muchedumbre que respondió a la convocatoria al conteo regresivo de la celebración de la renuncia.

El Ejecutivo gobernó por 942 días. El legado que dejó quedó para el examen de la Historia. Una sola imagen fotográfica captó la salida de Ricky y Bea en el área de abordaje del vuelo que les llevó al estado de Virginia, en donde establecerían su residencia. Un par de días antes, Beatriz colocó en su cuenta de Instagram una foto de su esposo mirando por la ventana de Fortaleza, a la que escribió: "#Amordemivida #proud Dimos todo por #puertorico #gracias #misioncumplida #enmanosdeDios".

En el avión se habrá sentido a salvo. Al recostarse en la butaca asignada, ya despojado del prestigio de su cargo, de sus obligaciones, habrá respirado profundo y cerrado los ojos en un profundo alivio. Posiblemente sintió entonces la mano de Beatriz que estrechaba la suya. Ya lo peor había pasado.

En su último día como gobernador, Rosselló Nevares firmó la friolera de 59 leyes, siendo la última la "Ley de Datos Abiertos del Gobierno de Puerto Rico", que fue rechazada por los gremios periodísticos por limitar el acceso a la información pública.

El ambiente en el Viejo San Juan era de algarabía. Un grupo de personas abría botellas de champaña y de vino y se pasaban las copas entre unos y otros. En los rostros había sonrisas y expresiones de esperanza. En cada esquina había un repique de plena con coros pegajosos alusivos a la ocasión. Entonces, comenzó el conteo regresivo y algunos lanzaron confeti al aire. El pueblo despidió así a Ricardo Rosselló Nevares.

"Eran las cinco de la tarde en todos los relojes..."

Agentes policiacos hicieron una formación en doble línea en el acceso por la calle Clara Lair. Hubo un movimiento inusual de motoristas y vehículos policiacos con cristales oscuros en dirección a la Mansión Ejecutiva. Las protestas habían menguado en intensidad, pero no en cantidad. El "¡Ricky renuncia!" fue sustituido por un "¡Pierluisi, Pierluisi, no te queremos aquí!" o "¡Ya sacamos a Ricky, ahora vamos por Pierluisi!"

El exsecretario de Justicia y excomisionado residente juró a esa hora ante la jueza Luisa Colom.

"Yo, Pedro Pierluisi Urrutia, mayor de edad, casado, vecino de Guaynabo Puerto Rico, como Gobernador del Estado Libre Asociado de Puerto Rico, juro solemnemente que defenderé la Constitución de los Estados Unidos y la Constitución y las leyes del Estado Libre Asociado de Puerto Rico contra todo enemigo

interior o exterior y que prestaré fidelidad y dedicación a las mismas..."

Foto / Suministrada

El acto de juramentación fue uno sencillo. Sólo hubo un fotógrafo en el apartamento de Andrés Guillemard que captó la única imagen en la que Pierluisi, con traje oscuro en contraste con una camisa blanca y corbata azul celeste, prestó juramento mientras su hermana Caridad le sostenía la Biblia.

Cuarenta minutos después, tres guaguas negras llegaron en fila a La Fortaleza por la entrada trasera. Desde el asiento trasero del primero de los vehículos, Pierluisi bajó el cristal para saludar, pero el gesto fue respondido por los gritos de: "¡Fuera, fuera, fuera!"

Lejos de apaciguar los ánimos, la ocupación de la Gobernación por parte de Pierluisi —un acto con la constitucionalidad en duda— fue vista como una usurpación. Al ser designado a dedo y ante las circunstancias del momento, el nuevo Gobernador no tuvo como todos sus predecesores una juramentación pública ni un paseo por las calles o el tradicional asomo al balcón para saludar al pueblo.

En el llamado Palacio de Santa Catalina sólo estaba el personal de la Oficina de Comunicaciones y de la Seguridad Policiaca. Inmediatamente, como nuevo Gobernador, Pierluisi realizó su primera conferencia de prensa, que fue transmitida por redes sociales y medios locales e internacionales. Era una movida estratégica para dejar establecido fuera de toda duda quién tenía el poder.

"El pueblo de Puerto Rico puede estar tranquilo de que su gobierno está en buenas manos...", aseguró en su mensaje al país. "Que el Senado lleve después algún tipo de votación y acataré el resultado. Pero ya yo estoy en el cargo", dejó establecido de entrada, ante varios funcionarios que le apoyaron y los miembros del gabinete que ocuparon las primeras sillas.

Esa noche Pierluisi pronunció un mensaje en el que pidió al País que se le diera una oportunidad. Estaba flanqueado por los representantes José Aponte y Georgie Navarro.

"Quién mejor que yo para hacerle reclamos a esa Junta... la conozco de arriba a abajo. Esa Junta me respeta...", repitió en cada oportunidad que se le presentó. En ese momento descartó que su nominación se hubiera condicionado a conceder un indulto a Rosselló Nevares.

Sin embargo, durante el fin de semana, Pierluisi cambió de opinión y decidió no esperar por la votación senatorial del lunes.

La crisis había dejado de ser una política y se producía la apertura de una nueva controversia de índole constitucional, ante el nuevo escenario de un Secretario de Estado que pretendía asumir la Gobernación sin haber sido confirmado por ambos cuerpos. Hasta ese momento, el abogado había sido considerado como una posible y airosa salida, pero ya había resbalado con su juramentación a escondidas, lo que provocó señalamientos de ser un gobernante ilegítimo.

"Al convertirme en gobernador, dejé de ser Secretario de Estado. O sea, que realmente no hay pendiente un proceso de confirmación para un Secretario de Estado porque no hay un Secretario de Estado en propiedad. Yo lo fui y estaba en posesión del cargo hasta que juramenté como gobernador", resumió a preguntas de si iría a la vista senatorial de confirmación como Secretario de Estado.

Ante esto, Rivera Schatz no esperó al amanecer del lunes. A las 7:00 p.m. de ese domingo presentó un recurso de Sentencia Declaratoria ante el Tribunal de Primera Instancia de San Juan para que se estableciese que para que un Secretario de Estado asumiese la gobernación necesita ser confirmado por ambas cámaras. Solicitó además que se declarara nula la juramentación de Pierluisi como Gobernador y cualquier decisión oficial que hubiera tomado en el cargo. Pero en honor a la verdad, en el breve tiempo en que ocupó la gobernación, Pierluisi actuó con cautela y no tomó decisiones de importancia, ni firmó leyes, órdenes o documentos oficiales de envergadura.

El capítulo de la toma de la Gobernación de Pierluisi fue el mayor acto de surrealismo en la historia política del País. Lo que debió ser el inicio de un periodo de reflexión y análisis profundo se convirtió en una extensión de la jornada de protestas que ahora llegaban también al Departamento de Justicia.

Había que poner la casa en orden y el nuevo gobernador inició la semana con una reunión del Gabinete institucional, encuentro al que asistió la Secretaria de Justicia, Wanda Vázquez. Cada parte movía con magistral destreza las fichas del ajedrez del complicado escenario de la política local. El País estaba dividido entre quienes apoyaban al Gobernador y cabildeaban fuertemente para asegurar el voto de los senadores a favor del incumbente y los que estaban descontentos con la toma de La Fortaleza y lo interpretaban como un claro golpe de Estado.

***

A media tarde del lunes 5, el Senado inició su sesión extraordinaria. Rivera Schatz parecía impaciente con los turnos de las ponencias de los senadores que favorecían a Pierluisi y les recordaba el límite de tiempo. Públicamente no disimuló su movida. Al final, el Presidente Senatorial no dio paso a los votos para no tomar riesgos innecesarios. Al cerrar esa puerta, nunca se supo cuál sería el resultado de una votación.

En una movida muy bien calculada, Rivera Schatz radicó un recurso para que el litigio fuera directamente a la consideración del Tribunal Supremo, que acogió el pedido y dio a las partes hasta el mediodía del día siguiente para presentar alegatos. La jugada del político cambió el curso de la historia del País.

De pronto, todos los juanes del pueblo se convirtieron en expertos abogados constitucionalistas. Nuestra Carta Magna nunca había estado tan en la palestra pública.

"Crisis constitucional", se leía en titulares. "Incorrecto, tal vez. Constitucionalmente ilegítimo, no"; "...hizo lo correcto en derecho y en política"; "Será impugnado", sentenciaban los titulares y los programas de análisis político. Los filósofos de pueblo, analistas aficionados de emisoras radiales de la banda AM, hicieron su agosto... El debate se extendió a todos los centros de discusión del país, desde las guaguas de transporte público a las barberías, pasando por bares y cafeterías hasta llegar a otros niveles más altos como el Capitolio y finalmente al Tribunal Supremo.

En su alegato ante el Tribunal Supremo, Pierluisi argumentó que al pautar la vista luego de la renuncia de Rosselló Nevares, el Senado renunció a su derecho de confirmar al Secretario de Estado. Por su parte, Rivera Schatz defendió su petición a que se anulara la juramentación, con el argumento de que Pierluisi debió ser un Secretario de Estado en propiedad al momento de la renuncia del gobernante.

A media mañana del miércoles, 7 de agosto, se corrió el rumor de que la decisión del Tribunal Supremo se haría pública a eso de la 1:00 p.m. Nunca antes se había filtrado un plazo de hora para una determinación del Supremo. Con sólo unos minutos de retraso a la hora señalada, el País supo que la decisión fue una unánime y fuera de líneas partidistas. La determinación del juez Rafael Martínez Torres, apoyada por los demás jueces, estableció que Pierluisi necesitaba ser confirmado como Secretario de Estado por Cámara y Senado, aunque validó sus decisiones como Gobernador. El fallo también ordenó que el ocupante de La Fortaleza debía abandonar el cargo y la Mansión Ejecutiva antes de las cinco de la tarde. Pero, a decir verdad, ante el bullicio de las protestas, "Pedro El Breve", nunca pudo dormir una noche en La Fortaleza.

Tras sólo cinco días como Gobernador, a Pierluisi sólo le tomó un par de horas abandonar la Mansión Ejecutiva en un vehículo oficial.

"Que quede claro, lo único que me ha movido en estos días, como siempre, ha sido el bienestar de nuestro pueblo... He buscado darle paz y estabilidad a nuestra gente. En vista de la decisión de nuestro más alto foro judicial, debo dar paso y apoyar a la Secretaria de Justicia. A la honorable Wanda

Vázquez Garced le deseo el mayor de los éxitos como Gobernadora de Puerto Rico", expresó mediante sus redes sociales. La hasta entonces Secretaria de Justicia sería la tercera persona en asumir la gobernación en menos de una semana.

**

"Wanda, pa' fuera, no te vistas que no vas. Y llévate a la Junta, también a Rivera Schatz", cambió una vez más el estribillo de las manifestaciones. Con el anuncio del fallo, se reactivaron las protestas frente a la Fortaleza pues, para el pueblo, tener a la exsecretaria de Justicia ahora como gobernadora, era como transar por una extensión de la administración de Rosselló Nevares.

La nueva gobernadora posee un grado Juris Doctor de la Universidad Interamericana. Inició su carrera de servicio público en el Departamento de la Vivienda, fue jefa de fiscalía en el distrito judicial de Bayamón y directora de la Procuraduría de la Mujer.

A la hora señalada, en la sede del Tribunal Supremo en el sector de Puerta de Tierra, la Prensa esperaba cerca de las escaleras semicirculares del vestíbulo para la sesión de fotos al terminar la ceremonia.

La formalidad del acto y la presencia de la Jueza Presidenta era señal de que Vázquez Garced no renunciaría a la Gobernación una vez asumiera el puesto. Más que todo: contaba con el apoyo de la rama judicial. Sin embargo, la nueva incumbente lucía tensa. Era natural. La historia del País cambiaba una vez más y su vida con eso: ahora era la protagonista. Para la ocasión lució un vestido formal de encajes y en color azul. Su esposo, el juez Jorge Díaz Reverón, se mantuvo a su lado.

Beatriz, una de las hijas del matrimonio, sostuvo la Biblia. La jueza presidenta del Tribunal Supremo, Maite D. Oronoz, inició la ceremonia. Mientras se prestaba a jurar, la ahora exsecretaria de Justicia estaba ajena a que en breves horas enfrentaría intrigas de palacio que tendría que cortar de raíz y mantener a raya a sus detractores...

"Yo, Wanda Vázquez Garced, mayor de edad, casada, vecina de San Juan Puerto Rico, ..."

A las 10:15 p.m., la nueva Gobernadora se dirigió al pueblo en un mensaje televisado en el que con total serenidad prometió dar estabilidad al País. No dejó entrever que iría a zafarse del cargo. Al contrario, se reafirmó en que al no tener aspiraciones políticas sería una gobernadora de criterio independiente y procuraría llegar a entendidos con todos los sectores.

"... como Gobernadora del Estado Libre Asociado de Puerto Rico..."

A mediados de agosto, las protestas fueron mermando y quedó atrás la calentura de aquel verano. La gente comenzó a rehacer la rutina dejada de lado y concentrarse en lo suyo. Los empleados regresaron a sus empleos y el pueblo daba otra oportunidad a su sueño de lograr la estabilidad del País.

"juro solemnemente que defenderé la Constitución de los Estados Unidos y la Constitución y las leyes del Estado Libre Asociado de Puerto Rico, contra todo enemigo interior o exterior..."

Pero aún quedaba un cabo suelto: Al día siguiente de la jura, los presidentes legislativos se reunieron con 28 de los 33 integrantes de la Federación de Alcaldes para —en caso de que Wanda Vázquez no quisiera seguir como Gobernadora— proponer a la Comisionada Residente como Secretaria de Estado y que eventualmente llegara a la gobernación. Las negociaciones no eran un secreto oculto. Sin embargo, Rivera Schatz aclaró que esperaría a ver qué ella tendría que ofrecer en la reunión a la que los citó. González, la favorita del PNP, se manifestó disponible.

"... y que prestaré fidelidad y dedicación a las mismas..."

Se contó con todo el mundo, menos con la propia Vázquez Garced.

La tregua del Presidente del Senado duró lo que un suspiro. Al ver que la Gobernadora dio muestra de que no cedería, la desafió abiertamente gritando a los cuatro vientos la preferencia institucional del Partido a favor de González y estrujándole a la Gobernadora que no había sido elegida con el voto popular. La Gobernadora cortó de raíz los aires de rebelión y allí les respondió que su puesto no le pertenece a un partido político, sino al pueblo.

"... y que asumo esta obligación libremente sin reserva mental ni propósito de evadirla..."

En su primer mensaje televisado, la Gobernadora Wanda Vázquez recordó que "no asumí la gobernación para ser ave de paso... No soy política y no aspiro ni aspiraré a cargo político alguno", enfatizó, para dejar claro ante el pueblo que no tenía agenda oculta... y tenía 17 meses de mandato para demostrarlo.

"... y que desempeñaré bien y fielmente los deberes del cargo que estoy próxima a ejercer..."

Pero pronto el pueblo se dio cuenta de que la Gobernadora decía una cosa y hacía la otra... Sus palabras y acciones quedaban constantemente en entredicho. El 28 de diciembre de 2019, fecha de la conmemoración de la Fiesta de los Santos Inocentes, Wanda Vázquez radicó su candidatura a la gobernación para los próximos comicios.

"... Así me ayude Dios."

Y no es que no le temblara el pulso... Es que durante su juramentación, no puso su mano sobre la Biblia. Ella dice que se le olvidó.

A MODO DE
REFLEXIÓN FINAL...

Meses después de que Puerto Rico fue centro de atención tras el devastador impacto del huracán María, los puertorriqueños fueron observados por el mundo, esta vez de pie, con la frente en alto y en una circunstancia muy diferente.

Bastaron sólo dos semanas para lograr la renuncia del gobernador Ricardo Rosselló, una gesta de pueblo lograda sin violencia, sin derramamiento de sangre y como única arma, la voz de cientos de miles de almas indignadas, que se tiraron a la calle convocados espontáneamente por los mismos ciudadanos mediante las redes sociales.

Las protestas pacíficas que se conocieron como El Verano del '19, con las que los puertorriqueños enfrentaron su peor crisis política, fueron una lección de madurez colectiva y civismo para América y para cualquier otro rincón en el mundo, en que muchos se preguntaron cómo lo hicieron, por qué nosotros no hemos logrado lo mismo...

La prensa tuvo un papel crucial en los eventos, pues en su función de informar y fiscalizar, develó tras el telón una trama de intrigas, conspiración y persecución ciudadana en los muros del Palacio de Gobierno. Esos sucesos han quedado registrados en cientos de fuentes informativas para el conocimiento de futuras generaciones. Columnas de opinión y análisis sobre estos hechos han sido escritas hasta la saciedad.

Queda por enfrentar un periodo de introspección y de reflexión, y en esto están involucrados dos frentes: de una parte, el pueblo de Puerto Rico y de la otra, Ricardo Rosselló Nevares, ahora como persona privada. Como puertorriqueño, algún día querrá regresar a su tierra y tiene derecho a ello. Pero antes, deberá reflexionar en la distancia en que vive sobre los errores cometidos y el precio que pagó y que le hizo pagar a su familia con la que tuvo que salir del país. Sus hijos, que algún día le preguntarán y le pedirán explicación, no merecen menos que una explicación.

Ante ellos y por ellos, Ricardo Rosselló debe darse la oportunidad de reivindicarse y demostrar un arrepentimiento sincero y genuino, más que ir tras ese perdón que varias veces pidió. Pero esto no podrá ser a destiempo. Sólo así, podrá buscar acercarse en una medida prudente.

Entonces, hablemos del pueblo:

Dicen que el tiempo sana todas las heridas. Las sociedades deben verse en el reflejo de su propia memoria y en la historia de otros pueblos para emular lo bueno, y no repetir errores.

Entre los puertorriqueños queda la sensación de que tras la demostración de coraje e indignación en las calles algo cambió en ellos. Pero, ¡cuidado con idealizar el resultado del movimiento civil! Habrá que reflexionar qué hicimos —y qué no hicimos— para que eso pasara. Habrá que retomar la propuesta de enmendar la Constitución para disponer del mecanismo de una segunda vuelta electoral, o de que ante la falta de un gobernador pueda haber una elección especial en un plazo aproximado de 60 días, o disponer de un referéndum revocatorio en respuesta a un gobierno incompetente.

Hay un largo camino por recorrer. Algunos aún no han entendido la lección que nos dejó el Verano del '19. La culpa de nuestra eterna crisis política no es exclusiva de un hombre o de un solo partido político. Hoy todos, para ser elegidos, nos prometen transparencia, pero no es de ellos sino de nosotros, como pueblo, la tarea de recobrar el gobierno de sana administración que alguna vez tuvimos.

Hay que buscar más allá del bipartidismo tradicional, fomentar las asambleas ciudadanas y los diálogos comunitarios, descentralizar el poder político y devolverlo al pueblo. Se debe reforzar la relación del gobierno con industrias, universidades y sobre todo con las organizaciones comunitarias que conocen las verdaderas necesidades del pueblo y de la gente. Hay que educar al elector para que pueda discernir sabiamente ante la propaganda y el adoctrinamiento político, y que tenga mejor conciencia de cómo utilizar su derecho al voto. Hay que inscribir a los más jóvenes para votar, pues ellos, "la generación que no se deja", asumieron el reto, probaron madurez y demostraron que su lealtad está con el país y no con las alternativas tradicionales.

De esa forma, se habrá aprendido y valorado la lección que nos dejó el Verano del '19, se sanarán cicatrices y se podrá pasar la página. Y Puerto Rico podrá ser ese Nuevo País prometido, que sea además opción de regreso para los que se han ido y quieran regresar a los brazos de su patria.

La transformación apenas comienza. Queda por saber si esa gesta de pueblo fue, o no, un fervor del momento... Demostrarlo es tarea de todos.

¡Ricky renuncia!: Crónicas del Verano del '19

SOBRE EL AUTOR

Carlos Rubén Rosario es un periodista y cronista nacido en Caguas, Puerto Rico. Tiene un bachiller en Ciencias Sociales con una concentración en Psicología, en la Universidad del Turabo; una maestría en Comunicación Pública con una concentración en Periodismo, de la Universidad de Puerto Rico y un certificado postgrado en Periodismo Digital, de la Universidad del Sagrado Corazón.

Inició su carrera profesional como narrador de documentales para el Sistema Ana G. Méndez y la Fundación Puertorriqueña para las Humanidades. Trabajó para los periódicos El Mundo, El Nuevo Día y El Vocero de Puerto Rico y para Tu Mañana en TeleOnce y el Canal 24 de Noticias. Fue corresponsal en San Juan de La Prensa de Orlando.

Fuera del mundo de las comunicaciones, laboró como Director de Publicaciones de la Universidad Interamericana de Puerto Rico y como Director de Prensa del Municipio de Caguas. En Florida, ha colaborado con Univision Radio, en

Altamonte Springs; el Osceola News Gazette, Infomás (Spectrum News 13), en Orlando y como libretista de La Red Hispana en Washington DC.

Pueden seguirlo en su página oficial en *Facebook*, @CarlosRubenRosarioEscritor; en *Twitter*: @CarloRubenRosar y en Instagram: Carlos Rubén Rosario.

Made in the USA
Columbia, SC
02 September 2020